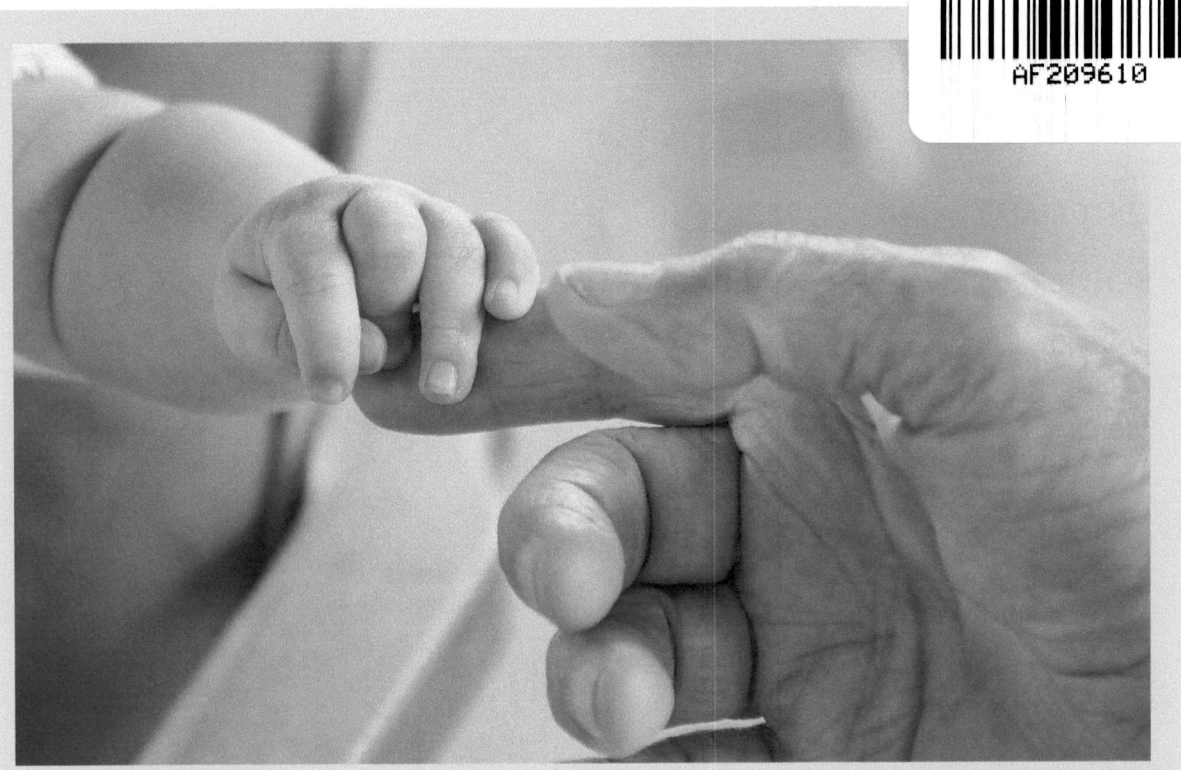

Foto: RitaE (pixabay.com)

So nimm denn meine Hände

…

Ich mag allein nicht gehen,

Nicht einen Schritt;

Wo Du wirst geh'n und stehen,

Da nimm mich mit.

…

Text: Julie Hausmann. 1862
Melodie F. Silcher

Inhalt

INHALT

Liebe Leserinnen und Leser,

das Thema Berührungen hat zum Zeitpunkt der Drucklegung dieser Ausgabe während der sog. Corona-Krise eine ganze besondere Bedeutung und Zuspitzung erfahren. Wir sollen derzeit im sozialen Umgang Berührung vermeiden, uns nicht näher kommen als anderthalb bis zwei Meter. Händeschütteln, schon immer aus hygienischen Gründen in der Diskussion, wird vermieden, ebenso wie Schulterklopfen, Umarmungen und die vielen Formen der „Küsschen-Begrüßung".

Sobald wir uns tiefer auf die eigentlich einfach und unproblematisch erscheinende Thematik der Berührung einlassen und auch das damit eng verbundene psychodynamische Umfeld von Nähe und Distanz, Beziehung und Autonomie, Hingabe und Kontrolle, Unterwerfung und Macht, Lust und Schmerz mit berücksichtigen, stoßen wir auf höchst komplexe und existenzielle Zusammenhänge. Uns ist meist gar nicht klar, wie fein und individuell unsere Bereitschaft, zu berühren und berührt zu werden, ausbalanciert ist, wie sensibel wir auf alle Formen des Fehlens von Berührung wie auch des übergriffigen Berührtwerdens reagieren.

Von Anfang bis Ende unseres Lebens sind wir auf die Berührungen, die Nähe, die Wärme, die Zärtlichkeit anderer Menschen angewiesen. Eng verbunden damit sind auch emotionale und geistige Berührungen, die einen tiefgreifenden Einfluss auf unser Leben haben können. Fragen der Berührung reichen von dem - hoffentlich - wohligen ganzkörperlichen Empfinden des sicheren ur-vertrauensvollen Gehalten- und Getragenseins im Fruchtwasser des Mutterleibs, über das oft gewalttätige und traumatische Drama der Geburt, den nachgeburtlichen Körperkontakt, den späteren vielen Formen kindlicher Berührungen, durch die wir lernen, mit den Dingen und Menschen unserer Umwelt in angemessenen Kontakt zu treten, den Erfahrungen mit Tieren, den erotischen Berührungserfahrungen, den Berührungserfahrungen bei Ärzten, im Krankenhaus und zuletzt bis zum Sterben.

Und dann gibt es natürlich die andere Seite, bei der ein liebevolles Berührtwerden nicht oder viel zu wenig erlebt wurde. Wir wissen von vielen Zusammenhängen, in denen Kinder und Erwachsene schmerzende und gewaltsame Berührung suchen, manchmal provozieren und gegen sich selber wenden. Und denken wir an die vielen Gewalterfahrungen in Zusammenhang mit Unfällen, Krankheiten, Katastrophen, Kriegen und Folter, in denen auf unsere körperlichen und emotionalen Grenzen keinerlei Rücksicht genommen wurde.

Besonders erschütternd: Sehr bewusst und mit der Überzeugung, Richtiges zu tun, ging und geht man in der Erziehung und teilweise auch im Strafrecht auch heute noch immer weltweit davon aus, dass körperliche Strafen in der Erziehung Anwendung finden können. Man sprach vom Züchtigungsrecht, das in Deutschland erst zu Beginn des 21. Jahrhunderts aufgehoben wurde. Nicht zu vergessen sind die vielen grausamen Formen der Entwertung, Benachteiligung, des Entzugs von Kontakt und Berührung bis hin zur Isolation, die ganz ohne körperliche Berührung auskommen bzw. ein Tabu auf diese legen und Menschen zerstören.

Zuletzt: Wie intensiv unser Bedürfnis nach gesunder Nähe, Berührung und Kontakt ist, ist ein Thema, das uns in vielen Zusammenhängen mit unserer Medien-, Computer- und Roboterwelt beschäftigt und weiter beschäftigen wird. Wir sind ja nicht nur auf Menschen bezogen, sondern besitzen auch die Fähigkeit, uns auf Objekte - denken wir an die Puppen und Kuscheltiere aus unserer Kinderzeit - und auf geistige und künstlerische Inhalte zu beziehen, sie zu berühren, uns von ihnen berühren zu lassen.

Wir hoffen, dass wir in unserem Heft vielseitige Aspekte des Themas darstellen und Sie als Leser damit in verschiedenster Form berühren können.

Mit guten Wünschen,

auch im Namen des Redaktionsteams,

Ihre Anette und Lutz Müller

Von der Kraft der Berührung

Die Wiederentdeckung der Sinnlichkeit

Von Wilhelm Schmid

Foto: Syda. Adobe Stock Foto

Berührung ist etwas, über das gewöhnlich nicht viel nachgedacht wird. Entweder es gibt sie ausreichend, wie erwünscht, dann gibt es keinen Grund für eine Thematisierung. Oder es gibt sie nicht, dann setzt rasch die Gewöhnung an den Zustand ein, auch wenn eine Enttäuschung damit verbunden ist, und wieder redet kaum jemand darüber.

Welche Bedeutung Berührung für Menschen haben kann, wurde mir erst so richtig bewusst, als ich zeitweilig als Philosoph in einem Krankenhaus arbeitete und viele Gespräche führte. Dabei fiel mir auf, dass beispielsweise ältere Menschen, an deren Bett ich saß, meine Hand, die ich ihnen reichte, nicht mehr loslassen wollten. Oder ich bemerkte, dass Ärzte mehr Vertrautheit mit Patienten gewannen, wenn sie ih-

nen die Hand auf den Oberarm legten. Bei den Physiotherapeutinnen konnte ich beobachten, dass Menschen gerne über alles Mögliche zu reden begannen, sobald sie mit Berührungen behandelt wurden. Alle diese Erfahrungen ließen die Idee in mir reifen, das Phänomen der Berührung einmal eingehender zu betrachten.

Menschen sehen, hören, riechen, schmecken mit einiger Selbstverständlichkeit. Aber was ist mit dem Tastsinn, was ist mit der Berührung? Als Berührungskulturen sind nördliche Länder kaum bekannt, solche Kulturen sind eher unter südlicher Sonne zu finden. Ist denn zu erwarten, dass sich daran kulturell etwas ändert?

Gemessen an der Berührungsfeindlichkeit früherer Zeiten, die mit einer Körperfeindlichkeit in Teilen des Christentum zu tun hatte, ist bereits viel geschehen. Aber eine neue Abstinenz scheint sich mit dem Gebrauch neuer Techniken auszubreiten. In Beziehungen ist manche und mancher versucht, dem Anderen beim unablässigen Blick auf den Touchscreen zuzurufen: „Schau mich an! Touch mich mal!"

Auf überraschende Weise rückt die Berührung damit mehr als je zuvor in den Fokus. Gerade in einer Zeit, in der Dinge und Beziehungen forciert digitalisiert werden, wird das Analoge, Anfassbare wieder interessant. Die digitale Entsinnlichung führt zur Wiederentdeckung der Sinnlichkeit abseits der Geräte. Das Tupfen und Wischen auf leblosen Bildschirmen weckt das Bedürfnis nach dem Berühren und Streicheln lebhafter Anderer. Eine wachsende Zahl von Menschen lernt erneut oder beginnt erstmals, ein betont sinnliches Leben zu führen. Kaum eine Strategie ist besser geeignet, Probleme im Umgang mit der Digitalisierung im eigenen Leben aufzufangen: Wer analogen Lüsten frönt, braucht kein digitales Detox mehr.

Jede und jeder kann diese Erfahrung machen: Die Kraft der Berührung ist federleicht und zugleich äußerst wirksam, denn sie verleiht neuen Lebensmut. Sie ist unsichtbar und dennoch gut wahrnehmbar, sobald die Augen vor Freude aufleuchten. Mehr Gelassenheit ist mit ihr zu erlangen. Was schwer auf einem lastet, wird erträglicher. In einer berührungsstarken Beziehung fühlen zwei sich anhaltend mit-einander verbunden. Mit erwünschten Berührungen werden Energien frei, die sich so produktiv auswirken, dass sie unverzichtbar für ein erfülltes Leben sind. Daher ist die Sehnsucht nach Berührung bei vielen so groß.

Konterkariert wird diese Erfahrung jedoch von einer ebenso möglichen Scheu oder gar Abscheu vor unerwünschten Berührungen. Sie blockieren Kräfte und rauben einem Menschen Energien, die nicht so ohne weiteres wiederzugewinnen sind.

Die Kraft der Berührung kann auch eine negative sein, die Menschen bedrückt, niederdrückt und sogar demütigt. Die Nötigung zur Berührung ist ein Akt der Gewalt. Welches Ausmaß unerwünschte, übergriffige und gewaltsame Berührungen haben, führte die 2018 weltweit einsetzende Debatte über MeToo drastisch vor Augen, bei der vor allem Frauen bekannten: Auch mir ist das widerfahren. Auch aus diesem Grund wird Berührung zum Thema.

Es wäre jedoch fatal, aufgrund der Möglichkeit unerwünschter Berührung jegliche Berührung unter Verdacht zu stellen. Aus Angst vor Vorwürfen wagt beispielsweise so manche Grundschullehrerin nicht mehr, ihre Schüler auch mal in den Arm zu nehmen. Vielversprechender erscheint, mehr Sensibilität für Berührungen zu entwickeln.

Um das rechte Maß zu finden, ist ein genaueres Hinsehen und Hinfühlen beim eigenen Umgang mit Berührung erforderlich. Es ist hilfreich, sich selbst zu beobachten: Wie fühle ich mich, wenn ich einen Anderen berühren kann, der mir sympathisch ist oder den ich liebe? Wie geht es mir, wenn ich selbst berührt werde? Und wie, wenn mir die Berührung nicht willkommen ist? Oder wenn sie mir ganz im Gegenteil fehlt? Dann kann ich überlegen: Wann ist welche Berührung meinerseits bei Anderen angebracht, bei wem – und bei wem nicht, mit welchen Entbehrungen bei ihnen, wenn es zu wenig ist, mit welchen Grenzen, wenn es zu viel wird?

Berührungen können Beziehungen begründen und bewahren. Sie können einen hinreißen und geradezu überwältigen: Es tut so gut, mehr davon! Es handelt sich um eine subtile Macht, die so angenehm ist, dass sie kaum als solche wahrgenommen wird.

Auf der anderen Seite haben Berührungen die Macht, Beziehungen zu zersetzen und schließlich zu zerstören, wenn sie nicht willkommen sind oder unmäßig ausfallen – oder wenn ihr Ausbleiben Verbitterung hervorruft.

Eine Ausübung von Macht ist auch die Verweigerung von Berührung, die nicht nur absichtsvoll, sondern auch absichtslos geschieht. Welche Folgen der Entzug hat, lässt sich erahnen, wenn willkommene Berührungen zur kraftvollen Erfahrung werden: Das habe ich mir bisher entgehen lassen? Ja, Berührung kann sehr lustvoll sein. Umso schmerzlicher, wenn sie vermisst wird. Berührung im richtigen Maß kann Beziehungen erfüllen, ein Zuviel oder Zuwenig aber entleert sie.

Um der Bedeutung der Berührung gerecht zu werden, bedürfte es einer Kunst der Berührung im Leben jedes Einzelnen. Die Lebenskunst besteht aus vielen Einzelkünsten, die jeweils ihren Teil zu einem schönen, bejahenswerten Leben beisteuern. Dazu zählen sinnliche Künste wie die des Schauens, Hörens, Riechens, Schmeckens und eben auch des Berührens, sowie so-

Foto: Alena Ozerova (shutterstock_1531703333)

ziale Künste wie die des Gesprächs, des Schenkens, der Pflege von Liebe, Freundschaft und Kollegialität.

Jede Kunst entsteht am Schnittpunkt von Praxis und ihrer Reflexion und ist zunächst angewiesen auf ein Wissen. Das Wissen resultiert aus den gemachten Erfahrungen, dem Austausch mit Anderen, der Aufnahme von Informationen, wie sie in Büchern vermittelt werden, und einem immer neuen Nachdenken darüber, wie die Praxis zu verbessern und zu verfeinern ist. Auf der Basis des Wissens kommt die Kunst dann vom Können, wie es mit einem geduldigen Sichüben und praktischen Erfahrungen zu erwerben ist. Jede und jeder kann auf diese Weise zur Künstlerin und zum Künstler werden.

Die Wiederentdeckung der Berührung und das wechselseitige Berührungsspiel mit Anderen gibt dem Leben bereits auf der sinnlichen Ebene viel Sinn. Welche Aspekte der Berührung bedeutsam sind, ist schon auf der körperlichen Ebene erkennbar: Das Betasten der fünf Millionen Nervenenden der Haut wirkt belebend. So genannte C-taktile Fasern reagieren auf Druck und Wärme. Das aktiviert die Energien eines Menschen, und zwar bei wechselseitiger Berührung weit mehr noch als bei bloßer Selbstberührung, wie neurobiologische Messsungen zeigen.

Andere sorgen für „Feuer unter dem Dach". Es ist das Berühren eines Anderen und das Berührtwerden durch ihn oder sie, wodurch ein Mensch sich spüren und zu sich selbst in Beziehung setzen kann. Immer in den Grenzen, die Berührung von Übergriffigkeit trennt.

Sich selbst zu berühren, ist aber nicht wirkungslos, etwa wenn eine Körperstelle schmerzt: Die aufgelegte eigene Hand kann den Schmerz lindern und ihn womöglich ganz auflösen. Sich mit Selbstberührung körperliche Lust zu verschaffen, gelingt ganz unspektakulär bereits morgens, wenn das Selbst sich alle Zeit der Welt nimmt, um den Körper zu pflegen und ihm beim Waschen wohlzutun.

Auffällig ist, wie häufig das Ich sodann, nicht immer voll bewusst, den ganzen Tag über die Selbstberührung sucht, meist mit einer unscheinbaren Bewegung der Hand, die über die Wangen streicht, an der Stirnhaut kratzt, an den Ohrläppchen zupft, in den Haaren wühlt. Zuweilen wird der Kopf in die Hände gelegt, um mit der Berührung das Denken zu stützen.

Kuschelparties wurden 2004 in Amerika erfunden, Vorformen z. B in „Encounter-Gruppen" gab es schon früher. Fremde Menschen kommen zusammen, es gibt Übungen zum gegenseitigen Kennenlernen und Annähern, zum körperlichen Vertrautwerden, und es wird gemeinsam gekuschelt. Es sollen keine sexuellen Absichten verfolgt werden. (flickr.com)

Vor der Geburt ist es das Fruchtwasser, das das heranwachsende Wesen im Mutterleib ohne Unterlass mit Berührung umhüllt. Der Tastsinn wird als erster Sinn schon sehr früh ab der 7. Schwangerschaftswoche ausgebildet – und er bleibt bis ganz zuletzt. Die Geburt selbst ist eine berührende Erfahrung in jeder Hinsicht. Von da an ist die Berührung von solcher Bedeutung, dass Säuglinge mit viel Hautkontakt wacher und aktiver sind, auch schneller an Gewicht zulegen als die, denen das nicht vergönnt ist.

Was für dramatische Folgen das Vorenthalten von Berührung, die Deprivation (im Wortsinne einer „Beraubung") haben kann, kam nach dem Zusammenbruch des kommunistischen Systems in Waisenhäusern etwa in Rumänien oder Kirgisien ans Licht, wo diese Kinder als nutzlose Kostgänger galten und in jeder Hinsicht vernachlässigt wurden, mit schweren körperlichen und seelischen Schädigungen.

Aber auch hierzulande war in so genannten Findelhäusern noch zu Anfang des 20. Jahrhunderts Berührung mehr oder weniger konsequent vermieden worden, aus Gründen der Sterilität und Hygiene und wohl auch aufgrund einer Körperfeindlichkeit, die einst zur nördlichen christlichen Kultur gehörte. Der Mangel daran konnte für Säuglinge tödlich sein. Das kam zu Bewusstsein, als in einem dieser Häuser häufig eine freundliche ältere Frau zu Gast war, die die Kleinsten für eine Weile auf ihren Armen herumtrug. Man ließ sie gewähren und bemerkte allmählich, dass diese Kinder bessere Fortschritte machten und gesünder heranwuchsen als andere.

Erst gegen Ende des 20. Jahrhunderts wurden die komplexen biochemischen Wirkungsketten entdeckt, die durch Berührung in Gang gesetzt werden und den ganzen Körper durchqueren. Sie sind maßgeblich am Aufbau des Immunsystems beteiligt, ohne das Kleinkinder jedem Infekt schutzlos ausgeliefert sind.

Gewöhnlich kommen in einer Familie die lebensnotwendigen Berührungen ganz von selbst zustande. Die Eltern und andere Bezugspersonen streicheln das Baby und tragen es herum. Hand in Hand mit dem körperlichen Effekt entsteht dabei eine engere seelische Bindung. Kinder und Heranwachsende kann es trösten und heilen, bei Kummer oder kleineren Verletzungen in den Arm genommen zu werden. Aber auch bei Erwachsenen stärkt Berührung das Immunsystem, das ein Bollwerk gegen Erkrankungen aller Art darstellt, tatsächlich auch gegen Krebserkrankungen, wie die jüngste Forschung zeigt, die zur Entwicklung der schulmedizinischen Immuntherapie geführt hat.

Das ganze Leben hindurch bleibt die Berührung von Bedeutung. Sie ist ein Element der Gesundheit und des Wohlbefindens, das demjenigen Sinn zu verdanken ist, der durch die Haut geht und beim Tupfen und Wischen auf Displays nicht zu voller Entfaltung gelangt. Endorphine (endogene Morphine, körpereigene Schmerzmittel) mildern Schmerzerfahrungen. Hormone wie Serotonin, Dopamin, Noradrenalin bauen Stress ab und hellen die Stimmung auf. Die wohlige Nähe und Vertrautheit geht mit einer Ausschüttung von Prolaktin und Oxytocin einher. Berührung tut gut und ist gesund.

In alten Heilkünsten spielte die Magie der Berührung eine große Rolle, in modernen findet Healing Touch immer mehr Verbreitung. Wenn Berührung so bedeutend ist, kommt es darauf an, selbst auf die Grundversorgung zu achten und sich um möglichst berührungsintensive Beziehungen zu bemühen, mit körperlicher Nähe, wenn auch nicht ständig, etwa Schulter an Schulter bei einem TV-Abend auf dem Sofa. In der Hoffnung, dass er/sie nicht sagt: „Will ich nicht!" Oder sie/er: „Lass mal, ich weiß schon, was du willst!"

Einander zu berühren ist ein Element der Kunst des Liebens: Die Energien, die den Berührenden wie den Berührten elektrisieren, lassen beide empfinden, wie sehr sie einander bejahen: Berührung macht schön. Möglich ist auch das gute alte Händchenhalten, etwa bei einem Spaziergang, und erst recht die gelegentliche Umarmung, wie sie auch unter Freunden und Freundinnen üblich ist. Beim Streicheln wird eine „Streichgeschwindigkeit" von etwa 10 Zentimetern pro Sekunde als angenehm empfunden, bei einer Temperatur von etwa 32 Grad auf der Hautoberfläche. Haustiere helfen, vor allem Hunde, die vom Streicheln nicht genug bekommen können, Katzen teilweise auch, sofern es ihnen gefällt.

Ersatzweise können professionelle Körpertherapien in Anspruch genommen werden, wie z. B. Osteopathie, Thermotherapie, Akupressur, Rückenmassage, Fußreflexzonenmassage. Auch Kuschelpartys bewahren Menschen davor, „unterkuschelt" zu bleiben.

Und die Berührung der Kopfhaut beim Friseur wirkt wohltuend, das Phänomen ist erforscht worden. Es handelt es sich um ASMR (Autonomous Sensory Meridian Response), ein angenehmes Kribbeln, das bei tiefer Entspannung an der Kopfhaut empfunden wird und den ganzen Körper erfasst. Frauen scheinen die Kraft der Berührung in diesem Sinne etwas häufiger zu suchen. Männer haben sich mehr auf die Gesichtshaut und ihre regelmäßige Berührung mit Pinsel, Nassrasierer oder Rasierapparat spezialisiert. Aber allen steht das Wasser beim Duschen und Baden zur Verfügung, eine Rückkehr zur Fruchtwassererfahrung.

So groß ist die Bedeutung der Berührung, dass sie geradezu als anthropologisch bezeichnet werden kann: Das Menschsein hängt davon ab. Diese Erfahrung ist tief im Leben jedes Einzelnen verankert: Wenn ich berühre und berührt werde, sinnlich, seelisch, geistig und womöglich auch transzendent, lebe ich. Ohne Berührung spüre ich das Leben nicht. Im Kontrast zum berühmten „Ich denke, also bin ich", Cogito ergo sum, worin René Descartes am Beginn der Neuzeit im 17. Jahrhundert den Kern des Menschseins sah, müsste es eher heißen: „Ich berühre, ich werde berührt, also bin ich", Tango tangor ergo sum.

Anders als beim Cogito, das allein vom denkenden Ich spricht, kommt bei der Berührung zusätzlich zum Ich der Andere ins Spiel, von dem das Ich berührt wird. Das erlaubt jedem Ich, die bedrückende Isolation in sich selbst zu überwinden, sodass es mit neuer Kraft und Lebensfreude die Fülle des Menschseins erkunden kann. Außergewöhnliche Erfahrungen können damit einhergehen. Berührungen erzeugen eine Sinnfülle bereits dadurch, dass sie die Sinnlichkeit aktivieren, die das Ich mit Anderen und aller Welt verbindet. Das Bedürfnis danach kann eine Triebfeder für Erotik und Sex sein und ist am ehesten zu stillen, wenn es sich dabei nicht

> # Ich berühre, ich werde berührt, also bin ich.

nur um äußerliche Verrichtungen handelt. Wenn aber jede Berührung wegfällt, ausbleibt und verweigert wird, kann eine schreckliche Sinnleere die Folge sein. Ich spüre das Leben nicht mehr, der weite Raum der Seele geht verloren.

Es ist eine Kunst, Berührung herbeizuführen, eine weitere Kunst aber, sie geschehen zu lassen. Wenn der jeweils Andere die Initiative dazu nicht abweist, sondern sie zumindest passiv annimmt, vielleicht sogar aktiv beantwortet, kommt eine intimere Beziehung zustande. Dann kann das Glück der Berührung die Beteiligten durchströmen. Zauberhaft und erfüllend ist die sanfte Macht der Berührung, wenn sich Haut an Haut schmiegt und die Aktivität des Berührens mit der Passivität des Berührtwerdens verschmilzt, ein Verschmelzen von Selbst und Anderem. Das ist bei Umarmungen zu erfahren, aber auch beim Tanz, beispielhaft bei jenem Tanz, der Tango genannt wird, denn das heißt wörtlich: „Ich berühre, ich betaste, ich fasse an."

Die mögliche Nähe zwischen zwei Menschen bestimmt häufig ohne ihr Wissen, aber mit größter Selbstverständlichkeit über ihre Beziehung, und dies nicht nur körperlich, sondern auch seelisch, denn die Berührung geht über den körperlichen Aspekt noch weit hinaus. Von einem berührenden Moment ist die Rede, wenn die Seele von Gefühlen berührt wird, und in besonderem Maße ist diese seelische Berührung zwischen Freunden und Liebenden erfahrbar. Gefühle sind die Sprache der Seele, Seele verstanden als energetische Verdichtung, die den Körper zeitlebens trägt, aber nicht unbedingt an ihn gebunden ist. In der ganzen Spannweite von Gefühlen sind diese Energien erfahrbar, die ein berührendes Gefühlsleben ermöglichen und nicht der Endlichkeit unterliegen, da sie wie alle Energien unendlich wandelbar sind. Darauf zu achten, ist ein Garant dafür, das Leben intensiv zu spüren.

Über das Körperliche und Seelische hinaus ist für das menschliche Leben ein geistiges Berühren und Berührtwerden von Belang. Auch geistig geschieht Berührung, wenn Menschen sich im Gespräch oder in Büchern von Gedanken berühren lassen und Andere mit ihren Gedanken berühren. Berührungen durch Gedanken wirken auf Körper und Seele zurück. Wie das Seelische kann auch das Geistige als Verdichtung von Energien verstanden werden, die keiner Endlichkeit unterliegen, sodass es ein Leben des Geistes geben kann, das nicht vom Tod tangiert wird. Wie sonst wäre erklärbar, dass Gedanken längst verstorbener Geister wie Sokrates, Platon, Aristoteles, Epikur, Seneca und zahlloser Anderer selbst nach endlos langen Zeiten noch Menschen berühren können? In diesem Fluidum von unabsehbarer Erstreckung im Raum und in der Zeit ist geistige Weite erfahrbar. Deshalb ist es so wichtig, das Leben nicht auf das vielgerühmte Hier und Jetzt zu beschränken.

Die äußerste Berührung ist diejenige, die mit einem gefühlten, gedachten und womöglich wirklich erlebten Überschreiten der Endlichkeit einhergeht, um sich von einer unendlichen Dimension, einer Transzendenz, berühren zu lassen. Transzendente Berührungen können mit einer Religiosität oder Spiritualität einhergehen, müssen aber nicht. Davon, welche Bedeutung diese Berührung für Menschen seit jeher gehabt hat, erzählt die Geschichte der Religionen. Mit Religion ist dabei nicht in erster Linie eine bestimmte Glaubensgemeinschaft oder Kirche gemeint, sondern das religiöse Phänomen selbst, der Rückbezug („ich binde mich zurück", religo im Lateinischen) auf etwas, das für wesentlich gehalten wird.

Wesentlich sind die Energien, die alles Leben und alle Welt, auch das einzelne Ich und seinen Körper durchdringen und im Wortsinne transzendieren, also überschreiten. In den unterschiedlichsten Kulturen werden sie als göttlich, Gott oder Weltseele bezeichnet, aber entscheidend ist nicht ihre Benennung, sondern ihre Berührung im Fühlen und Denken, etwa bei einer Meditation oder einem Gebet. Menschen berichten nach dieser Erfahrung, von neuer Energie erfüllt zu sein.

Als Michelangelo bei der Ausmalung der Sixtinischen Kapelle dem Geschehen eine konkrete Gestalt zu geben versuchte, gelang ihm ein eindrückliches Bild für die Berührung des endlichen Menschen durch die unendliche göttliche Energie. Von Fingerspitze zu Fingerspitze scheint der Funke überzuspringen, der Adam belebt. Oder ist es Adam, der durch seine Berührung die göttliche Energie zum Leben erweckt?

Sich für den transzendenten Raum zu öffnen, legt den Zugang zu dieser unerschöpflichen Kraft frei. Mit der Öffnung wird das Ich durchlässiger und die Bewältigung von Lebensproblemen leichter, da dem Menschen mehr Energie

Sich flach auf den Boden legen und wieder einmal ganz mit Mutter Erde in Verbindung treten. (NatsichJan, freepik.com)

zur Verfügung steht und er sich als Teil eines umfassenden Ganzen fühlen kann. Aber nur der Einzelne selbst kann darüber entscheiden, ob und in welcher Weise er oder sie sich auf solche Weise berühren lassen will. Nicht die endgültige Wahrheit, die kein Mensch kennt, ist hier maßgebend, sondern die angenommene Lebenswahrheit, der ein Mensch letzten Endes sein Leben anvertraut.

Von diesem weitestmöglichen Horizont kann er dann wieder zurückkehren auf den Boden, dessen Berührung ihn im wahrsten Sinne des Wortes erdet, nämlich der Erde näherbringt und gelassener macht. Auch das zählt zu den verschiedenen Aspekten, die die Kraft der Berührung erfahrbar machen: Den Boden zu berühren, beispielsweise mit nackten Füßen. Oder sich ganz auf den Boden zu legen und die Welt von unten zu betrachten. Von unten herauf statt von oben herab zu blicken, verändert die Perspektive grundlegend. Die Fülle der Eindrücke verringert sich, sodass die Welt wieder überschaubarer wird. Anders als aufrecht stehend und gehend wird der Mensch ein Anderer, spürbar weicher und zugänglicher. Wohl aus diesem Grund ist das Liegen ja auch die bevorzugte Ebene zärtlicher Berührungen.

Unwillkürlich wird ein Mensch auch berührt, wenn ein Anderer lacht. Es berührt angenehm, wenn ich mitlachen kann, jedoch unangenehm, wenn über mich gelacht wird. Eine Disposition namens Humor ist der Kunst des Lachens för-derlich und berührt Andere so angenehm, dass sie Sympathie empfinden, denn sie wissen: Von diesem Menschen ist nichts zu befürchten, er ist zur Distanz zu sich in der Lage, ein freier Geist.

Aber Lachen ist nicht gleich Lachen, es gibt eine Vielzahl von Varianten davon, die Menschen auf unterschiedliche Weisen berühren können, je nachdem, mit welchem Gefühl das Lachen vermischt ist: Fröhlichkeit, Zorn, Liebe, Hass, Neid, Hohn, Triumph etc. Nicht selten ist es durchsetzt mit Sarkasmus und wird „das böse Lachen" genannt, das denen, die es hören, einen Schauder über den Rücken jagt.

Das erinnert daran, dass das Lachen seit jeher auch eine Form von Grausamkeit ist, wie alle wissen, die schon einmal ausgelacht worden sind. Etwas davon schallt noch aus dem höhnischen, spöttischen Lachen der Kritik hervor, das den Betroffenen schmerzlich berührt.

Eine Alternative zum lauthalsen Lachen ist das Lächeln, das kontrollierter und aus diesem Grund viel nuancierter eingesetzt werden kann, angenehm beim freundlichen Lächeln, unangenehm bei einem kühlen. In seiner Zartheit berührt es Menschen oft kraftvoller als das deftige Lachen. Es ist keine bloße Affektäußerung, sondern eine bewusst gewählte Haltung, die in der Mimik zum Ausdruck kommt. Auf den Lippen liegt es und spielt in Mundwinkeln, in allen Variationen schimmert es aus den Augen. Auf zauberhafte Weise öffnet es den Menschen, sowohl denjenigen, der das Lächeln erkennen lässt, als auch den Anderen, der es versteht. Nicht immer kommt es von Herzen, manchmal auch aus einem Kalkül. Es kann Distanz zu einer Situation wahren und Ausdruck einer Distanz des Selbst zu sich sein oder, wenn ein Mensch das will, auch Andere auf Distanz halten. In der Vielfalt des Ausdrucks und der Fähigkeit zur Berührung ist das Lächeln verbündet mit dem Schweigen.

Das ist ein weiterer erstaunlicher Aspekt der Berührung: Wie und mit welcher Kraft ein Schweigen Menschen berühren kann, wiederum zwischen einem guten Schweigen in tiefem Einverständnis und einem unguten Anschweigen. Jede Art des Schweigens berührt auf andere Weise. Durch Versuch und Irrtum, Praxis und Reflexion kann im Laufe des Lebens eine Kunst des Berührens und Berührtwerdens durch Schweigen erlernt werden.

Ein gemeinsames Beschweigen, das alle gleichermaßen berührt, kann Gemeinschaft stiften: Diejenigen, die sich schweigend verstehen, wissen um ihre Zusammengehörigkeit. Ein Verschweigen aber kann Beziehungen zerbrechen, wenn ein Verbergen der wahren Verhältnisse, ein Verdrängen dessen, was wirklich ist, Andere brüskiert. Feindschaft wiederum kann von einem Anschweigen begleitet werden, einem unheilvoll brütenden oder offen feindseligen Schweigen. Sowohl das Anschweigen als auch das Verschweigen kann eine bewusste Machtausübung sein, um den Betroffenen zu verunsichern und zu demütigen.

Und auf stille Weise kann alles berühren, was geschrieben wird, vermittelt durch Zeichen und auch durch das, was zwischen den Zeilen zu lesen ist: Berührung durch Lektüre. Das Lesen ist, wie das Schreiben, wie das Gespräch, eine Form von Berührung durch Gefühle, Gedanken, Vorstellungen, Träume und Ideen. Ein Buch zur Hand zu nehmen und die Seiten umzublättern, ist zudem mit einer sinnlichen Berührung verbunden, die in modifizierter Form auch bei einem E-Book möglich ist. Die sinnlich-seelisch-geistige Berührung macht die Lektüre zur erfüllenden Erfahrung, ausgehend von der Bereitschaft eines Menschen, sich berühren zu lassen, denn nur dann wirken die Zeichen auf ihn ein.

Seit seiner Erfindung ist Lesen das Auffinden, Aufnehmen und Auslegen von Zeichen, die ein Anderer zu einer anderen Zeit hinterlassen hat. Es bedeutet, eine Spur zu lesen und darüber nachzudenken, was sie sagt. In den Zeichen verbirgt sich ein Anderer, und Lesen heißt, sich von dessen Stimme ansprechen und berühren zu lassen. Die Berührung ist ein Anstoß dafür, die eigene Sprache zu finden. Der Andere spricht mit mir und lässt sich von mir Fragen stellen, antwortet ausweichend oder direkt, tanzt aufdringlich auf der Bühne der Buchseite oder versteckt sich verschämt zwischen den Zeilen. Was er in den Text niedergelegt hat, kann ich durch den Akt des Lesens in mein Selbst übernehmen, vermittelt durch mein Verständnis, das nicht mit seinem Verständnis identisch sein muss. Es ist offen, was daraus wird, wenn die Omnipräsenz der Bilder die geduldige Lektüre ersetzt.

Auf die unterschiedlichen Arten von Berührung aufmerksam zu sein und sich auf jede Weise an der Einübung einer Kunst der Berührung zu versuchen: Das ist Lebenskunst. In der Hoffnung, dass in der Epoche vieler Empfindlichkeiten wieder ein wenig Empfindsamkeit entsteht, eine Empfänglichkeit für Berührungen. Die Voraussetzung dafür ist, wie gesagt, ein wenig Wissen über Berührung, davon war jetzt ausführlich die Rede. Was nun noch fehlt, ist das Können, zu erwerben nur durch praktische Übungen. Die aber sind hier nicht zu leisten, sie sind eine Aufgabe für das private Leben jedes Einzelnen.

Wilhelm Schmid, geb. 1953, lebt als freier Philosoph in Berlin. Er lehrte Philosophie an der Universität Erfurt und war zeitweilig als philosophischer Seelsorger an einem Krankenhaus in der Nähe von Zürich tätig. 2019 erschien sein Buch *Von der Kraft der Berührung*, 2018 sein Bestseller *Selbstfreundschaft – Wie das Leben leichter wird* (beide im Insel Verlag). www.lebenskunstphilosophie.de.

Es winkt zu Fühlung fast aus allen Dingen,
aus jeder Wendung weht es her: Gedenk!
Ein Tag, an dem wir fremd vorübergingen,
entschließt im künftigen sich zum Geschenk.

Wer rechnet unseren Ertrag?
Wer trennt uns von den alten, den vergangnen Jahren?
Was haben wir seit Anbeginn erfahren,
als dass sich eins im anderen erkennt?

Als dass an uns Gleichgültiges erwarmt?
O Haus, o Wiesenhang, o Abendlicht,
auf einmal bringst du's beinah zum Gesicht
und stehst an uns, umarmend und umarmt.

Durch alle Wesen reicht der eine Raum:
Weltinnenraum. Die Vögel fliegen still
durch uns hindurch. O, der ich wachsen will,
ich seh hinaus, und in mir wächst der Baum.

Ich sorge mich, und in mir steht das Haus.
Ich hüte mich, und in mir ist die Hut.
Geliebter, der ich wurde: an mir ruht
der schönen Schöpfung Bild und weint sich aus.

R. M Rilke. Es winkt zur Fühlung uns. Aus: Die Gedichte 1910 bis 1922

Die Experimente des Harry Harlow

In den 1950er Jahren erregte der amerikanische Forscher Harlow weltweites Aufsehen mit seinen Experimenten, mit denen er das Bindungsverhalten von Rhesus-Affen erforschte. Er stellte junge Rhesus-Äffchen, die ohne ihre Mutter in einen Käfig gesetzt wurden, vor die Wahl, sich entweder bei einer aus Draht nachgebildeten, Milch spendenden „Ersatzmutter" oder bei einer gleichgroßen, mit Stoff bespannten „Ersatzmutter" aufzuhalten. Es stellte sich heraus, dass die Fellmutter regelmäßig bevorzugt wurde und die Äffchen sich nur kurzfristig die Milch bei der Drahtmutter holten.

Auch andere - heute nicht mehr vertretbare - Experimente zeigten, dass der frühe soziale Kontakt entscheidend für die weitere gesunde Entwicklung der Affen war. Völlig isoliert aufgezogene Tiere zeigten später intensive soziale Störungen und waren oft zur Aufzucht eigener Jungen nicht mehr in der Lage.

Damals wirkten diese Ergebnisse geradezu sensationell, da man in der Kindererziehung, der Pädagogik und auch der Entwicklung des Sexualverhaltens oft noch davon ausging, dass einfühlsame, zärtliche und körperliche Nähe für die emotionale Entwicklung des Menschen nicht unbedingt erforderlich seien, möglicherweise sogar einen verweichlichenden und verwöhnenden Einfluss hätten. Die Erziehungsratschläge dieser Jahre muten uns heute geradezu erschreckend an, und man muss sich fragen, was diese Nähe-, Zärtlichkeits- und Körperfeindlichkeit aus den Menschen wohl gemacht hat.

Die Psychoanalytiker René Spitz und John Bowlby waren etwa zur gleichen Zeit wie Harlow zu ähnlichen Ergebnissen gekommen. Es brauchte aber noch einige Generationen bis zumindestens die Pädagog*innen, Psycholog*innen und Therapeut*innen dieses elementare Wissen in ihre Theorien und ihre Arbeit einbezogen. Die Erkenntnisse der Bindungs- und Säuglingsforschung gehören heute zum Standard jeder pädagogischen, psychologischen und psychotherapeutischen Ausbildung.

Der Mensch, ein Homo Hapticus

Martin Grunwald

Dass wir uns selbst als zur äußeren Umwelt abgrenzbare Person, als physisch-analoge Einheit, als individuellen und dreidimensional strukturierten und existierenden Organismus erleben können, ist eine Elementarleistung unseres Tastsinnessystems. Kein anderer Sinnesbereich trägt substanziell zu dieser Selbsterkenntnis bei. Weder visuelle noch auditive Informationen unterrichten uns auf signifikante Weise, wie wir selbst oder unsere äußere Umwelt physisch beschaffen sind. Allenfalls liefern diese Sinnessysteme orientierende oder nötigenfalls korrigierende Informationen.

Wie wir aber an geburtsblinden Menschen beobachten können, ist menschliches Bewusstsein und Erkenntnisbildung über die Beschaffenheit der äußeren physikalischen Umwelt auch ohne fakultative Unterstützung visueller und auditiver Informationen möglich. Das Tastsinnessystem mit seinem millionenfachen Sensornetzwerk wirkt als direkter Vermittler zwischen der äußeren physikalischen Umwelt und der physikalischen Beschaffenheit unseres eigenen Organismus.

Nur physikalischer Direktkontakt zwischen unserem Organismus und die sensorisch-kognitive Analyse des materiellen Kontaktes können unmissverständliche Informationen generieren, nach denen wir mit Sicherheit annehmen können, dass es eine in Relation zu unserem Körper äußere und unabhängige physikalische Umwelt gibt. Alles andere ist Illusion; man denke an das Höhlengleichnis von Platon. Weder Auge noch Ohr können in direkten materiellen Kontakt mit der äußeren Welt geraten (mit Ausnahme bei körperverletzenden Kräften). Die materielle Beschaffenheit des eigenen Körpers und der äußeren Welt kann nur gewiss über Tastsinnesinformationen vermittelt werden. Ein Blick oder eine Stimme kann uns im metaphorischen Sinne begegnen – berühren –, aber diese Sinnbildlichkeit basiert allein auf Tastsinneserfahrungen, die sich schon in der Begriffsbildung – begreifen – niederschlägt.

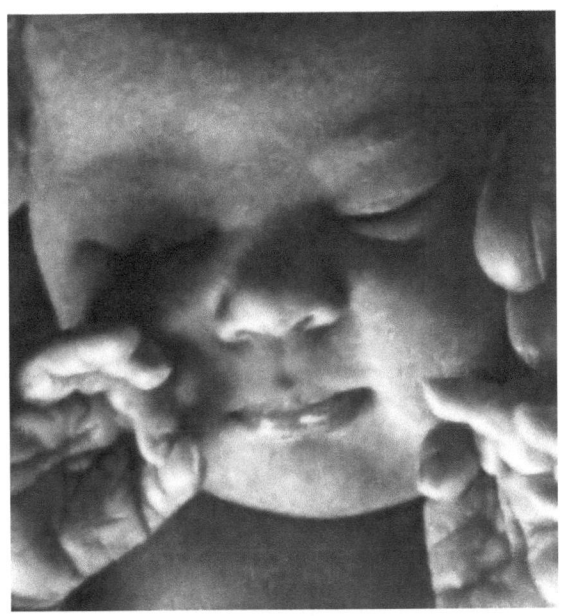

Neugeborenes (F. Leboyer, 1974, Der sanfte Weg ins Leben: Geburt ohne Gewalt)

Kontakt mit Strukturen des eigenen Körpers und der äußeren Welt herzustellen, ist somit eine Grundeigenschaft aller lebenden Organismen. Selbst jeder einzellige Organismus ist dieser Notwendigkeit des physischen Kontaktes mit der ihn umgebenden Umwelt unterworfen. Und wie am Beispiel der Amöben besonders eindrucksvoll zu sehen ist, sind Körpereigenberührungen unumgänglich.

Das heißt, mit dem Vorhandensein von Masse ist jedes Biosystem, jedes Lebewesen regelrecht gezwungen, von der ihn umgebenden Umwelt berührt zu werden und diese seinerseits mindestens mit den ausgebildeten Grenzflächen zu berühren. Diese Grundsätzlichkeit zeigt sich auch darin, dass Organismen jeglicher Art – von einfach bis komplex – weder eine phylogenetische noch eine ontogenetische Wahlmöglichkeit hinsichtlich des Kontaktes besitzen.

Deutlicher: Die Evolution hat keine Wahl! Physisches Leben auf dieser Erde setzt von allen beteiligten Lebewesen sowohl das Kontaktver-

Foto: Africa Studio (shutterstock.com)

mögen als auch die Kontaktanalyse voraus. In Abwandlung des Watzlawik'schen Kommunikationsdogmas kann man es auch so formulieren: Man kann nicht nicht berühren!

Der aktive und passive Vermittler des Kontaktvermögens ist das Tastsinnessystem des Menschen, das immer auch gleichzeitig als Grenzflächenverwalter und Grenzanalysator des gesamten Körpers fungiert. Dieses System, das aufgrund seiner funktionellen Vielgestaltigkeit nicht gut als ein in sich geschlossener Sinn verstanden werden kann, integriert eine millionenfache Informationsflut sehr unterschiedlicher Qualitäten pro Millisekunde aus allen Teilen des Körpers und formt auf hochkomplexe Weise aus physikalischen und biochemischen Prozessen Wahrnehmungsgebilde, die wir als aktive oder passive Berührungen wahrnehmen können.

Das Tastsinnessystem ist Akteur und Verwalter jeder Handlung und jedes Kontaktes zu uns selbst und zur äußeren Umwelt. Damit Umweltkontakt oder Körpereigenkontakt als solche überhaupt wahrgenommen werden können,

muss auf elementarer Ebene das physikalische Kontaktereignis zwischen eigener Körperoberfläche und äußerer Umwelt registriert, gemessen und sinnvoll umgewandelt werden.

Die biologische Basis hierfür sind Millionen einzelner Messwerkzeuge – oder korrekter formuliert – Rezeptoren, die sich in verschiedener Form und in unterschiedlicher Anzahl im gesamten Körper befinden. Ohne diese Rezeptoren könnte das physikalische Ereignis des Grenzflächenkontaktes, zum Beispiel zwischen zwei menschlichen Körpern, nicht als »Berührung« wahrnehmbar werden.

Die Rezeptoren des Tastsinnessystems sind somit der messtechnische Ausgangspunkt einer physikalisch-materiellen Körperinteraktion und unabdingbare Voraussetzung für jede Form der Körperkommunikation. Insofern ist die genaue bio-physikalische Kenntnis über den Aufbau und die Funktionsweise der im Körper integrierten Rezeptoren ein wichtiger Schritt zum Verständnis von menschlichen Berührungshandlungen und Berührungswahrnehmungen.

Denn die Rezeptoren des Tastsinnessystems sind jene bio-physikalischen Einheiten, die am Anfang einer lebensnotwendigen Transformation stehen müssen, um die schlichte Physik des Kontaktes in eine Informationsflut umzuwandeln, mit der unser Organismus, ins- besondere das Gehirn – bedeutungsvolle Inhalte in Zusammenhang bringen kann. Gemeinhin gilt die menschliche Haut als prominentester Ort des Körpers, der mit einer hohen Dichte kontaktrelevanter Rezeptoren ausgestattet ist. Diese Aussage ist jedoch nur teilweise richtig.

Denn nicht die unbewehrte, haarfreie Haut ist regelhaft die erste Kontaktfläche des menschlichen Körpers, sondern es ist diejenige Hautfläche, die über fünf Millionen Körperhaare enthält. Diese Haare haben unterschiedlichste Form, Größe und Verteilung und dienen als Grenzflächenverwalter der Körperhaut, die – Antennen gleich – bei Berührungen mit der äußeren Umwelt den physikalischen Erstkontakt registrieren. Selten wird uns bewusst, dass über achtzig Prozent der Körperhaut von Haaren, zumeist sehr feinen, kaum sichtbaren, bedeckt ist. Es sind ca. fünf Millionen.

Der wenigste Haaranteil – und das nicht nur bei Männern in einem bestimmten Alter – wird dabei durch das Kopfhaar gebildet. Bedeutungsvoll wird diese haarige Perspektive aber erst dann, wenn man sich mittels histologischer und mikroskopischer Analysen die Rezeptorenleistungen jedes einzelnen Haares bewusst macht. Die mikroskopische Analyse ergibt, dass um jeden Haarfollikel ein sehr dichtes Rezeptorengeflecht gewebt ist, welches die verschiedensten physikalischen Eigenschaften der äußeren Umwelteinwirkung transformieren kann, die über Bewegungen des Haares an dieses Nervengeflecht weitergeleitet werden.

Die Anzahl dieser Rezeptoren wird auf zweihundertfünfzig Millionen geschätzt. Die Sensitivität dieser Rezeptoren kann man an beliebigen Orten des Körpers überprüfen, indem man ein einzelnes Haar krümmt. In der Regel ist dieses minimalste Kontaktereignis für uns wahrnehmbar.

Berührungs- bzw. mechanosensitive Tastsinnesrezeptoren befinden sich nicht nur in den Haarfollikeln, sondern in der Haut und in allen Bindegeweben des menschlichen Körpers. Darüber hinaus sind alle Gelenkstrukturen, Sehnen und Muskeln mit tastsensiblen Rezeptoren ausgestattet. Würde man den menschlichen Körper in kleine Würfel mit einer Kantenlänge von jeweils einem Zentimeter zerlegen, würden sich pro Würfel zwischen hundert und tausend tastsensible Rezeptoren nachweisen lassen. Die Gesamtanzahl der tastsensiblen Rezeptoren wird auf etwa siebenhundertfünfzig bis achthundert Millionen geschätzt.

Die Rezeptoren des visuellen Systems werden pro Auge auf einhundertzwanzig Millionen Stäbchen-Zellen und sechs Millionen Zapfen-Zellen geschätzt. Die des auditiven Systems enthalten pro Ohr ca. zwanzigtausend Rezeptoren. Geruchssensitive Rezeptoren des Menschen werden zwischen zehn und hundert Millionen geschätzt und die Zunge enthält zirka zweitausend Geschmacksknospen die jeweils zehn bis fünfzig Rezeptorzellen enthalten.

Trotz der Ungenauigkeiten bei der exakten Ermittlung und Schätzung tastsensibler Rezeptoren wird deutlich, dass das Tastsinnessystem gegenüber allen übrigen Sinnessystemen die größte Anzahl von Rezeptoren nutzt. Die große Anzahl von Rezeptoren und die neuronale Verarbeitung dieser Rezeptorsignale im Gehirn stellt nicht nur sicher, dass wir jede noch so leichte Verformung unserer Grenzflächen registrieren können (Exterozeption), sondern auch propriozeptive und interozeptive Leistungen werden über das Tastsinnessystem gewährleistet.

So sind wir in der Lage, jederzeit die Stellung und Position unserer Gliedmaßen – und unseres Kopfes - in Ruhe oder im Rahmen von Bewegungen ohne Zuhilfenahme visueller Infor- mationen wahrzunehmen. Diese propriozeptiven Basisleistungen sind die elementare Voraussetzung für jeden Bewegungsprozess unseres Körpers. Über interozeptive Leistungen des Tastsinnes registrieren wir schmerzhafte Ereignisse in unserem Körper und an seiner Grenzfläche, sowie bestimmte organische Zustände (Darm-, Herztätigkeit, Hunger).

Die Fähigkeit, Berührungsreize verarbeiten zu können, beginnt nicht erst nach der Geburt eines Menschen. Bereits in der siebten Schwangerschaftswoche kann der Embryo – noch sind nicht alle Organe ausgereift! – auf Berührung seiner Lippen mit Abwehrbewegungen reagieren. Der Embryo ist zu diesem Zeitpunkt ca. 1,7-1,9 Zentimeter groß und keines der anderen Sinnessysteme ist aktiv. Somit ist das Tastsinnessystem das erste Sinnessystem, dass sich bei unserer Spezies – sowie bei allen anderen Säugetieren – entwickelt.

Weil sich die Tastsensibilität und die motorische Aktivität auf sensorischer und neuronaler Ebene gegenseitig bedingen, ist dieser frühzeitige Start der Entwicklung des Tastsinnessystems biologisch notwendig. Darüber hinaus verwertet der fötale Organismus jede Art von Berührungs- und Bewegungsreizen auch in Form von Wachstumsprozessen. Dieser biologisch zentrale Mechanismus ist nachgeburtlich die Grundlage dafür, dass soziale Körperberührungen als biochemischer Katalysator im Organismus des Säuglings verwertet werden.

Ohne adäquates Maß an Berührungsreizen kann sich weder ein Säugling unserer Spezies gesund und gut entwickeln, noch ein anderes Säugetier. Eine große Zahl experimenteller Tierstudien und Befunde aus Waisenhäusern belegen, dass adäquate Körperberührungen insbesondere in der frühen Entwicklungsphase den Stellenwert eines Lebensmittels haben. Fehlt diese Form der Körperstimulation dauerhaft, dann verstirbt der Organismus, oder er überlebt mit irreparablen und nicht korrigierbaren körperlichen und neuronalen Fehlentwicklungen.

Die Voraussetzungen dafür, dass Säuglinge die nachgeburtlichen Körperinteraktionen sowohl biologisch als auch psychologisch – in der Regel – als positive Ereignisse verwerten können, entwickeln sich in der vorgeburtlichen Entwicklungsphase. Insbesondere in den späteren Phasen der Schwangerschaft wird der Bewegungsfreiraum des Fötus durch die körperliche Enge des mütterlichen Organismus zunehmend begrenzt.

Auf diese Weise wirkt der uterale Raum als permanente, für den Fötus wahrnehmbare Grenze in Relation zu seinem eigenen Körper. Die unmittelbare physische Nachbarschaft zwischen dem Körper des Fötus und den uteralen Gegebenheiten, wird im Fötus eine sehr ursprüngliche sensorische Erfahrung hinterlassen, die man als ein erstes internes Konzept von Nähe bezeichnen kann. Das vielschichtige Konzept der Ferne wird der Säugling erst nach der Geburt erarbeiten.

Physikalisch und metaphorisch kann ein Lebewesen keinem anderen näher sein, als in diesem besonderen und biologisch determinierten Verhältnis zwischen Mutter und Kind. Die Botschaft der körperlichen Nähe zu etwas

anderem wird selbst dann noch transportiert, sollte sich kein anderes sensorisches System beim Fötus ausbilden. Selbst ein gehörloser Fötus wird aufgrund des uteralen Körperkontaktes ein internes Konzept von Nähe entwickeln. Die neuronale Spur der physischen Nähe zu etwas anderem ist demnach eines der ersten Resultate der gegenständlichen Auseinandersetzung des fetalen Körpers mit den Eigenschaften seiner Umwelt.

Die positive emotionale Verknüpfung der umfassenden Körperberührung durch den Mutterbauch wird im Fötus zu einem universellen Konzept von Nähe verschmolzen. Das Nähekonzept des Fötus beinhaltet dabei sehr elementare Umwelteigenschaften. Es ist ein erworbenes Vermögen und die notwendige Bedingung dafür, dass der Säugling nach der Geburt sofort auf den körperlichen Kontakt mit der Mutter – in der Regel – positiv reagieren kann. Er kann und er muss, wenn er gut gedeihen soll.

Körperliche Nähe zu einer ähnlichen Umweltkonfiguration, die er bereits im Mutterleib kennengelernt hat, sollte für ihn unbedingt etwas Positives bedeuten. Und dies ist auch in der Mehrzahl der Fall: Denn der gesunde Säugling sträubt sich nicht beim ersten körperlichen Kontakt mit der Mutter nach der Geburt, sondern er wird diesen Kontakt stets suchen, weil die uterale Erfahrung ihn gelehrt hat, dass körperliche Nähe die Garantie für sein Überleben bedeutet.

Womöglich sind es diese frühen Körpererfahrungen, die uns auch bis in den Sprachgebrauch des späteren Lebens begleiten. Das uns Etwas oder Jemand nahe geht, bezeichnet die emotionale Ladung des Begriffs der Nähe. Etwas oder Jemandem nahe zu sein, ist in unserem Sprachgebrauch vorwiegend emotional geprägt und weniger räumlich.

Wir benutzen diesen Begriff dann, wenn uns Ereignisse oder sonstige Inhalte unter die Haut gehen. Wenn sie uns emotional berühren. Und schließlich ist auch die räumliche Nähe zu unserem Körper nur sehr wenigen Menschen vorbehalten. Nichts schützen wir so sehr wie den Nahraum unseres Körpers. Denn nur dem Vertrauten und dem Vertrauenswürdigen erlauben wir, räumlich und seelisch in unsere Nähe zu kommen.

Und so sehr wir den unberechtigten Übertritt in unseren Nahraum fürchten – durch Gewalt, Unachtsamkeit etc. – so sehr fürchten wir auch

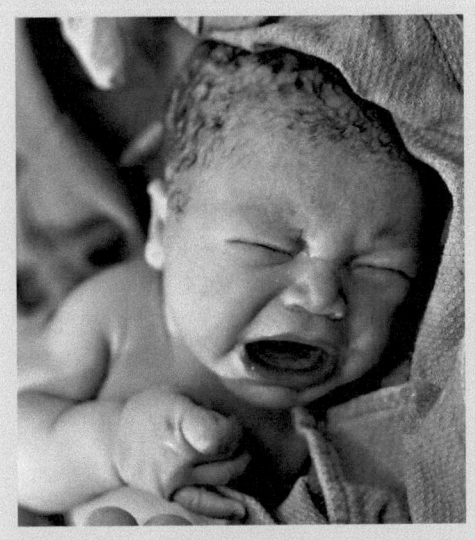
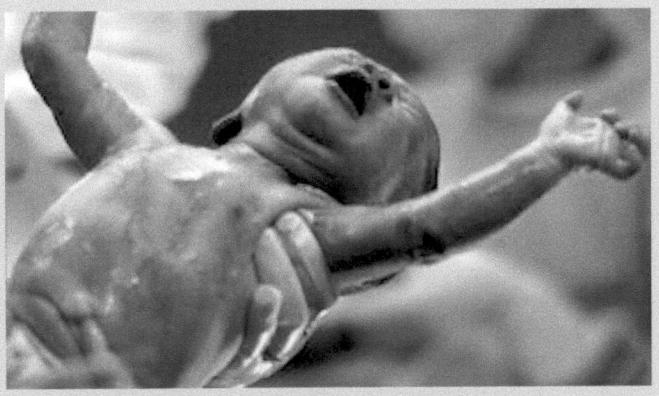

Mit solchen Bilder machte der französische Gynäkologe Fréderik Leboyer in den 1970er Jahren darauf aufmerksam, dass der Mensch im Mutterleib ein fühlendes, schmerzempfindendes Wesen ist, die Geburt für ihn und seinen ganzen Körper extremer Stress sein kann und oft mit Blutungen, Verletzungen und Hirnquetschungen verbunden ist. Bei komplizierten Geburten ist es für ihn und die Mutter oft auch wie ein Kampf um Leben und Tod. Schätzungsweise 2,8 Millionen Mütter und Babys sterben während oder kurz nach der Geburt jedes Jahr - das ist eine Mutter oder ein neugeborenes Baby alle elf Sekunden.

Dass die Geburt ein Trauma sein und zu lebenslangen Einschränkungen führen kann, das machten die Psychoanalytiker Otto Rank und Sandor Ferenczi bereits Anfang des 20. Jahrhunderts zum Inhalt ihrer Theorien.

„... Kein Wunder, daß der Neugeborene sehr häufig im Schockzustand zur Welt kommt, halb tot ist oder so scheint. Könnte er sprechen, wie oft würden wir hören: »Es war entsetzlich!«, »Es wäre besser gewesen, ungeboren zu bleiben!«" (Saenger, 1924, zit. n. Janus, L. (2011). *Wie die Seele entsteht*. Mattes)

Welch ein tragischer Ausdruck, der Mund schreiend geöffnet, die Augen geschlossen, die Brauen zusammengekniffen. Die verkrampften Hände bittend ausgestreckt, dann wieder wie schützend vors Gesicht gezogen. Die Füße, die wild um sich stoßen, die Beine, die plötzlich hochfahren, wie um den Bauch zu schützen. Dieser Körper, der nur aus Krampf und Angst besteht – dieses Kind spricht nicht?
Dabei wehrt es sich mit seinem ganzen Sein, brüllt mit seinem ganzen Leib:

„Nein! Rühr mich nicht an! Laß mich! Laß mich!"
Und fleht doch gleichzeitig: „Hilf mir, hilf mir!"

Es gibt kaum einen Appell, der so erschütternd ist wie dieser.
Die Bilder von Neugeborenen sind unerträglich. Es könnten genausogut Bilder von gefolterten und mißhandelten Kindern sein. Nichts von alledem. Nur eine Geburt. Keine Sadisten und keine Ungeheuer. Leute wie du und ich. Leute, die mit ihren Gedanken woanders sind. Männer und Frauen, blind mit offenen Augen.

Leboyer, F. (1981). *Geburt ohne Gewalt*, Kösel, S. 4 f.

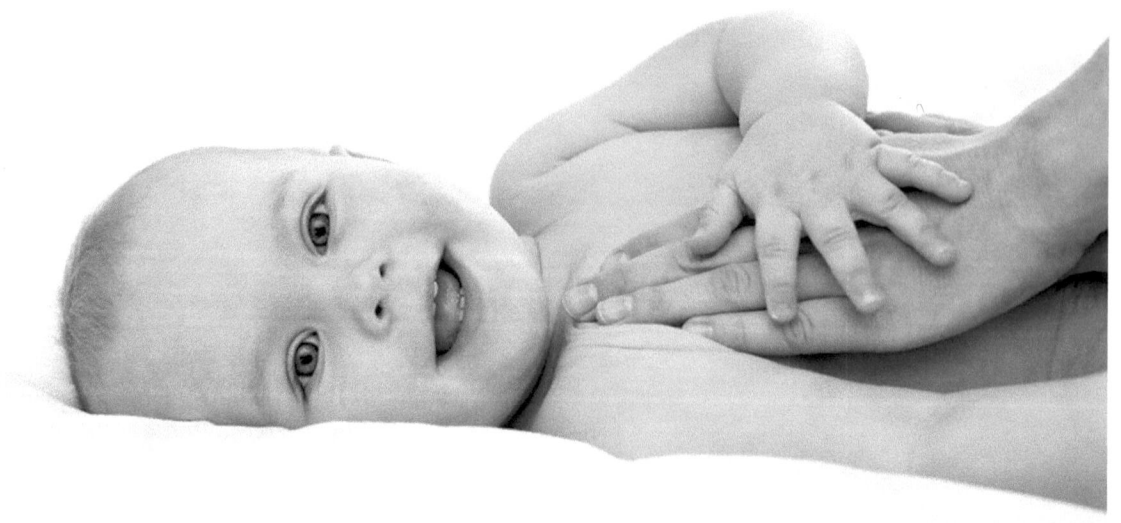

Kind und Mutter (Istockfoto 94367824)

das emotionale Gegenteil von Nähe: die Einsamkeit. Das Gegenteil von Nähe – im körperlichen wie im räumlichen Sinne – ist die Einsamkeit. Und gleichgültig, ob nun Säugling oder Erwachsener, das Fehlen von menschlicher Nähe
hinterlässt in jedem Lebensalter tiefe seelische
Furchen.*

Literaur

Grunwald, M. (2017). *HOMO HAPTICUS. Warum wir ohne Tastsinn nicht leben können.* München: Droemer & Knaur.

Grunwald, M. (2012). *Das Sinnessystem Haut und sein Beitrag zur Körper-Grenzenerfahrung.* In: Körperkontakt.
Multidisziplinäre Erkundungen. (Hrsg. Michael Schet-
sche, Renate-Berenike Schmidt). Gießen: Psychosozial-
Verlag, S. 29-54.

Martin Grunwald
Prof. Dr. Dipl.-Psych., Jahrgang 1966. Er gründete 1996 das
Haptik-Labor am Paul-Flechsig-Institut für Hirnforschung der
Universität Leipzig, wo er die Wirkungsweise des mensch-
lichen Tastsinns erforscht.

*Neben der Liebe auf den ersten Blick
gibt es die Liebe auf die erste Berührung.
Und die geht vielleicht noch tiefer.*

Vladimir Nabokov

Die Bedeutung der Berührung in der Psychotherapie

Tilmann Moser

Verliebt spielen Mütter und Väter mit den kleinen Händchen ihrer Babys und Kleinkinder. Sie genießen es, wenn sich die Fingerchen um den großen Daumen schließen, das Greifen lernen und Halt suchen für erste Übungen des Sich-Aufrichtens.

Die elterlichen Hände bedeuten viel: Zufuhr von Wärme, Sicherheit und Geborgenheit. Sie bieten Form gebende Massage; sie sind Turngeräte; Krangreifer zum Hochheben und Aufsammeln nach einem Sturz; sie schenken Beruhigung in den Stürmen überstarker Gefühle.

Sie sind Symbole der verschiedensten Formen von Nähe, des Festhaltens wie des Freigebens; sie sind leider auch Werkzeuge des Strafens wie des Streichelns, der Zärtlichkeiten wie der Übergriffe. Sie können kitzeln, kraulen und tätscheln, schlagen und wiedergutmachen. Sensible Dichter haben Gedichte verfasst über Mutters Hände und Vaters Fäuste oder schwielige Pranken. Elternhände spiegeln das ganze kindliche Beziehungsschicksal, vom ersten vorsichtigen Greifen bis zum Spazieren an der Hand, vom Loslassen bis zur eiligen Rückkehr, zu haltendem Trost und zur zielstrebigen Führung.

Patienten bringen ihre Hände mit in die Psychotherapie. In der klassischen Psychoanalyse bleiben sie unberührt, bis auf das meist kurze Handdrücken bei der Begrüßung oder dem Abschied. Man kann über die Hände sprechen, über frühes Glück und über die Hände zugefügtes Leid. Aber beim Gegenübersitzen oder auf der Couch bleiben sie untätig, werden nicht mehr berührt. Sie berühren höchstens noch den eigenen Körper: Sie zupfen an der Kleidung, streichen Trost suchend über den eigenen Mund, halten die Wange oder den schweren Kopf. Sie halten sich aneinander fest, geraten ins Schwitzen oder ins Frieren, umklammern mithilfe der Arme die eigenen Schultern, oder sie schließen sich angestrengt und Halt gebend oder suchend um die eigene Brust, auch um Angst zu verbergen oder Trotz zu signalisieren. Manchmal wollen sie sich zur Faust ballen, manchmal werden sie heiß vor Sehnsucht oder stoßen unhörbare Hilfeschreie aus, nach Nähe, Rettung oder Halt.

Die klassische strenge Abstinenz kann für stark vernachlässigte Patienten sogar retraumatisierend wirken: Es gibt eine verzweifelte, ja fast kosmische Einsamkeit bei manchen Störungen, die oft nicht nur durch die warmherzige, wohlwollende Empathie allein in der Stimme gemildert oder gar geheilt werden können. Die verweigerte Hand kann die unbewusste Überzeugung verstärken, der eigene Körper sei abstoßend, böse oder ekelhaft, und der Therapeut hüte sich aus diesem Grund vor jeder hilfreichen Berührung.

Es geht beim therapeutischen Berühren nicht um Verwöhnung, billigen Trost und Wiedergutmachung, sondern um in angemessener Regression erlebte Modellszenen des leiblichen Kontakts, die neu verinnerlicht werden können. Deshalb wird ersatzweise der kurze Begrüßungs- und Abschiedshändedruck überbewertet, ja fetischisiert, um Bruchteile von Sekunden verlängert und analysiert auf Nuancen seiner angebotenen Dauer.

Gerade Menschen, die Übergriffe oder Missbrauch erlebt haben, spüren genau, ob und wie viel echte Abstinenz in der Hand eines berührenden Therapeuten steckt. Deshalb ist es Pflicht des berührenden Analytikers, sich immer wieder durch Fragen zu orientieren, wie eine Berührung empfunden wird. Aber vor der realen Berührung gibt es die Phase der Vorbereitung, des Vorausfantasierens, der biografischen Erforschung der familiären Berührungsgeschichte.

Die Berührung durch die Hand ist das Geschenk eines erweiterten Containers für alle Gefühle, erst recht, wenn sie dem Patienten noch unvertraut sind, wenn er ihre unbekannte Heftigkeit fürchtet und Angst hat vor ihrer aufgestauten und lange verdrängten Wucht der

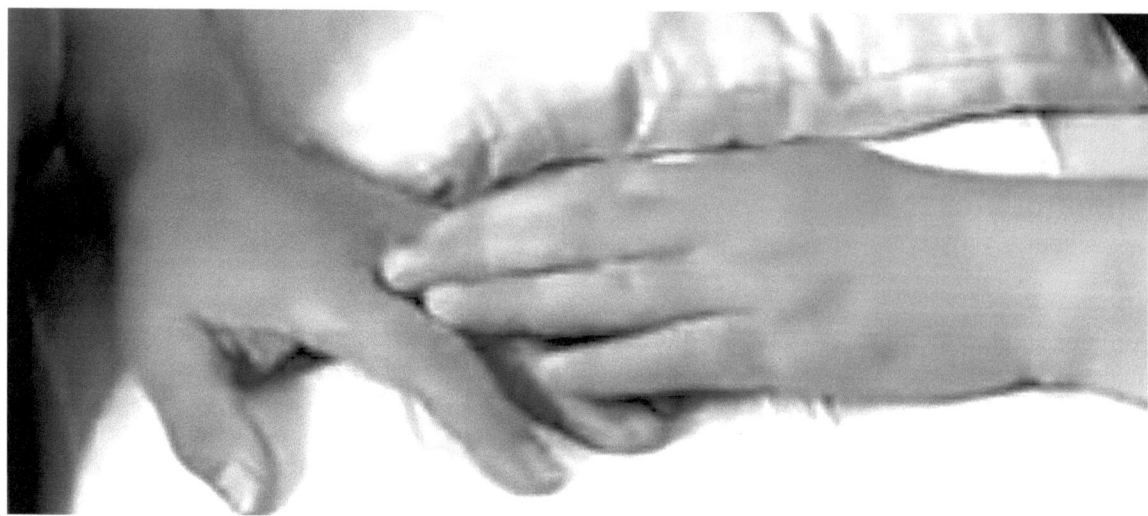

Szene aus dem dem therapeutischen Lehrfilm *Vaterkörper, Geburt und Symbolbildung* (1994) von Tilman Moser (zu finden unter: www.tilmannmoser.de)

Sehnsucht. Deshalb ist eine Berührung in der richtigen Atmosphäre ein bedeutungsvoller Tränenlöser, der für viele Patienten erst das lange verschlossene Tor zum Weinen öffnet. Männer neigen eher dazu, „Händchenhalten" unter Männern zunächst für komisch, wenn nicht für verdächtig zu halten. Vor allem bei latenter unbewusster Homoerotik und Homosexualität sind mildere oder stärkere vorübergehende Schreckreaktionen möglich. „Meinen Sie das ernst?", lautet manche Frage.

Die Kunst der Annäherung

Wenn ich das Hand-Reichen oder Hand-Geben oder Hand-Auflegen in Seminaren mit Psychotherapeuten oder Analytikern üben lasse, können sich ganz verschiedene Reaktionen einstellen. Manchen ist der Vorgang komplett neu und entsprechend zögern sie, oder aber sie greifen viel zu schnell und kontraphobisch, d. h. Angst überspringend zu.

Deshalb zuerst noch einmal die gängigsten vorbereitenden Fragen, die der anbietende Therapeut der Atmosphäre, der Stufe der Regression und seinem Erleben in der sogenannten Gegenübertragung entnehmen kann: „Können Sie sich vorstellen, dass ich Ihre Hand nehme? oder Sie meine?" Oder: „Ich habe gesehen, wie sich bei Ihnen eine Hand an der anderen festhält. Könnte ich das einmal machen mit einer Ihrer Hände und meiner?" Und: „Was macht das Angebot mit Ihnen? Kommt es einem Wunsch oder einer Stimmung entgegen?" Denn in ihrer Verlorenheit und Fügsamkeit sind sie oft überschnell bereit dazu, ohne gründliche Vorprüfung der eigenen Reaktion. Bei ihnen staunt man über die Mitteilung, dass sie sich scheu eine Berührung längst gewünscht haben.

Ein Patient. Er war aus ferner Stadt gekommen in körpertherapeutischer Hoffnung auf Berührung, entweder mit Vorerfahrung oder mit dem typischen Gefühl, halb verhungert eine klassische Therapie oder Analyse beendet zu haben in unerfüllter Sehnsucht nach Berührung.

Oft schon ist die Annäherung an die erste Berührung ein spannendes Ereignis: Meine Hand liegt, wenn es mir nötig scheint, auf dem Rand der Couch bereit, der Patient kann sich mit seiner Hand oder den Fingern meiner Hand nähern. Oder meine Hand liegt, bei einer Therapie im Sitzen, auf einem großen Kissen auf unseren Knien. Die Gefühle des Näherkommens sind enorm wichtig, weil sie die Ängste und die Hemmungen enthalten oder den Grad der Entbehrung.

Beide Partner können das prickelnde Verstreichen der Zeit genießen, der Patient seine Autonomie in der Annäherung oder im Zögern. Die Berührung kann sich von einem vorsichtigen Anstupfen der Fingerspitzen erstrecken bis zu einem beherzten Zugreifen zur ganzen Hand und einem neugierigen Untersuchen derselben. Doch Hand oder Hände geben nicht nur Halt und stille Ermutigung, sondern sie können auch kraftvoll verwendet werden, kampfbereit oder als Widerstand, gegen depressive Erstarrung und den Verlust aller Vitalität. Es geht vor allem um die energetisierende Wirkung eines festen Zugriffs oder Drückens von beiden Händen oder auf beide Hände.

Dem Experimentieren sind kaum Grenzen gesetzt, ein deutliches rasches Stopp beendet eine Begegnung, die zu aggressiv zu werden droht. Wichtig bleibt immer zu sagen, dass es nicht um Sieg oder Niederlage, Triumph oder Demütigung geht, sondern um elterlichen Halt bei der Erprobung der eigenen Kräfte.

Natürlich muss der Therapeut, vor allem die Therapeutin, abschätzen, wie viel Halte- und Schiebekraft ihr zur Verfügung steht. Die dargebotene Hand vermittelt eine biologische wie eine symbolische Botschaft: Ich bin dir gewogen, nicht feindlich gesonnen, ich kann dich ertragen, auch wenn du feindlich gesonnen bist. Ich verlasse dich nicht, dein Körper und damit dein Körperselbst ist mir nicht zuwider, auch wenn du zutiefst wütend auf mich bist, ja mich hasst oder verachtest. Dies ist, neben den mehr schützenden, die Zuwendungsaffekte verstärkenden Botschaften die wichtigste Mitteilung: Es bleibt auch bei einer vorübergehenden seelischen Feindschaft eine leiblich positive Verbindung erhalten.

Einige Beispiele

Eine 55-jährige Patientin, ursprünglich ausgebildete Chirurgie-Schwester, fasst fünfzehn Jahre nach dem Beginn ihrer Lektüre meiner Bücher, vor allem der körpertherapeutischen, weit entfernt wohnend den Mut, mich um wenige Doppelstunden zu bitten. Es stellt sich heraus, dass sie aus Angst vor einer rein klassischen Therapie eine Vielfalt von halbwilden, auch heftigen Therapien und Klinikaufenthalten absolviert hat, teilweise mit erheblicher Retraumatisierung.

Sie hat, zusammen mit einem Mitglied einer frommen Sekte, aus der sie selber stammt, fünf Kinder groß gezogen, die allesamt erfolgreich flügge geworden sind. Ihr Vater war in der Familie ein einflussreiches, hoch angesehenes Mitglied, aber abgesehen vom täglich zweimal geforderten rituellen Kuss, ein Unberührbarer geblieben.

Mich rührte oder erschreckte eine von ihr berichtete Szene: Sie trabt hinter dem eilig gehenden Vater auf dem Weg zu einer „Versammlung" der Sekte her und greift, im Dunkeln von Sehnsucht und Wunsch nach Schutz übermannt, nach dessen Hand. Der aber schüttelt sie ab mit bitter mahnenden und verbietenden Worten. Sie fängt geschockt und derb zurückgewiesen an zu weinen, was dieser ihr grob verbietet mit den Worten: „Lass die Heulerei!"

In der dritten, mich erschütternden Stunde von sechs an einem verlängerten Wochenende beginne ich zu handeln: Obwohl ich weiß, wie wenig ein einfaches „Wiedergutmachen" möglich und hilfreich ist, aktiviere ich meine körpertherapeutischen Möglichkeiten, die allerdings nur in kontrollierter Regression einen Sinn machen. Ich bitte sie auf die Couch, zu mir gewandt liegend, und sage ihr, dass ich ihr meine Hand zum Halt anbieten werde.

Sie regrediert rasch und äußert: „Ich fühle mich wie ein kleines Kind, sogar jünger als damals." Als ich ihre Hand nehme, beginnt sie zu weinen, hält meine fest bis zum Ende der Stunde. Mal vorsichtig, mit wachsendem Vertrauen kräftig, prüft sie sie auch auf ihre Festigkeit, Wärme und Kraft hin. Ich spüre bei mir eine deutliche Rührung, vor allem bei dem Bild mit dem kalt wegeilenden Vater. Sie pendelt zwischen stillem Weinen und heftigem Schluchzen, das sie beschämt zu unterdrücken sucht.

In der vierten und fünften Stunde bittet sie um Wiederholung der Berührung und meint immer wieder: „Ich lasse die Gefühle des Halts und der Wärme tief in mich eindringen und werde Ihre Hand symbolisch mitnehmen und hoffentlich abrufbar in Erinnerung behalten."

Der amerikanische Körpertherapeut Albert Pesso, bei dem ich sehr viel gelernt habe, spricht von haltbaren verinnerlichten Bildern der Berührung oder sogar von einer „neuen Erinnerungslandkarte".

Die sechste, abschließende Stunde verbringen wir mit verbaler Integration und mit meinem Vorschlag, das dreitägige Treffen in einigen Monaten zu wiederholen, mit der Bedingung, dass sie sich vor Ort regelmäßige therapeutische Hilfe sucht. Dabei erfahre ich auch, dass sie sich von einem Tiefenpsychologen nie in die Tiefe ihrer Seele blicken lassen würde. Aber nach der körperlichen Erfahrung mit mir könne sie sich das gefährliche Abenteuer vorstellen. Sie verabschiedet sich dankbar.

BERÜHRUNGEN

Ein weiteres Beispiel

Ein ca. fünfzigjähriger depressiver Musiker, stets dunkel bis schwarz gekleidet, wird mir von einem analytischen Kollegen überwiesen, der mit rein deutender Therapie nicht weiterkam.

Der Patient verlor mit sechs Jahren nach einem schweren Herzleiden seinen Vater. Aus Gründen der „Schonung" wurde er bis nach dessen Tod ohne Erklärung und ohne Abschied nehmen zu können bei Verwandten untergebracht. Er nannte das, ohne es damals benennen oder auch nur fühlen zu können, später seine „Verstoßung". Seine Mutter habe er bei der Wiederkehr tief verzweifelt und bis an ihr Ende in tiefer Trauer wiedergefunden und hinfort sich stark parentifiziert für sie verantwortlich gefühlt und sie gepflegt bis zu ihrem Tod.

Er selbst habe aber nie um den Vater trauern können und behielt nur wenige erfreuliche Erinnerungen an ihn im Gedächtnis, nur einen letzten Blick auf den vor sich hindämmernden Sterbenskranken. Alle andern Bilder und Gefühle blieben tief verdrängt.

Wir suchten nach weiteren Spuren der Erinnerung, aber die Unfähigkeit, um den Vater zu trauern, blieb wie erstarrt in ihm.

Mir fielen Deutungen ein unter anderem: Das Bild der ständigen Mischung von Trauer und Depression der Mutter war niederschmetternd und abschreckend für ihn, obwohl er eine Teil-Identikation mit ihr nicht vermeiden konnte. Besonders leuchtete ihm ein, dass er vor einem „gemeinsamen Sumpf der Trauer" lange vor seiner späten Trennung angewidert war; dass er noch zu wütend war über seine „Verstoßung" vor dem leidvollen Sterben des Vaters, samt dem quasi-Verbot des Abschieds von ihm, das er auch als Verrat durch die Mutter an ihm empfand.

Er erlebte es als eine heimtückische Schonung und Entwertung seines wachsenden Verständnisses für die Erkrankung und seiner immer noch glühenden Liebe und Verehrung des Vaters, trotz des Erschreckens vor seinem zunehmenden Verfall. Schließlich half mir die Erinnerung an einen Ausdruck von Hermann Beland über die „unaushaltbaren Gefühle", die zu einem Erstarren der Seele führen.

Schließlich schienen uns alte Familienbilder zu helfen, aus der fröhlichen, ja fast überschwänglich wirkenden frühen Kindheit mit dem stämmig-vitalen, ihn auf seinen Knien mit Arm und Hand haltenden Vater. Das Bild von dem fast heldisch anmutenden, noch gesunden Vater, den er auf einem vergrößerten Porträt mitbrachte, hängte ich schräg von seinem Sessel sichtbar an einem Balken auf.

Er fand die Suche nach der verlorenen oder nie gelebten Trauer zunächst als eine fixe therapeutische Idee von mir, doch zunehmend konnte er sich mit der archäologischen Suche nach dem verschütteten Affekt identifizieren und meinte hin zu dem Bild: „Ich werde dich wiederfinden, samt meiner Trauer um dich, das verspreche ich dir". Ich ließ ihn diesen Satz an ihn richten, den er mit eigenen Variationen fast beschwörend wiederholte. Doch noch immer tauchte keine Erinnerung an das strahlende Gesicht des Vaters auf.

Schließlich suchte ich nach möglichen Körpererinnerungen an den Vater und bot dem scheuen Mann an, sich von seinem Sessel auf die Couch zu legen und meine Hand zu ergreifen. Wie die meisten mit mir inzwischen vertrauten Depressiven willigte er sofort ein, nannte das Gefühl angenehm und bergend und solidarisierte sich noch stärker und überzeugter mit unserer „Suche nach der verlorenen Trauer".

Wie wogende dunkle Schleierwolken kamen Affektfetzen an meiner Hand über ihn, mal düster, mal hoffnungsvoll begrüßt, und er verstand, wie ernsthaft mir die berührende Fahndung nach der Trauer war, die er inzwischen vermisste wie einen verlorenen Anteil seiner Seele.

Nach einigen Wochen begann ich mit anderen Fotos als Erinnerungshilfe zu arbeiten, die wir nebeneinander sitzend betrachteten und besprachen, immer Hand in Hand: Die beiden, lebendig, anschmiegsam einander zugekehrt, er als Dreijähriger stolz auf Vaters Schulter, – oder der Fünfjährige angelehnt an ihn, geborgen unter dem um die Schulter gebogenen Arm. Er stimmt zu, dass es schöne Vater-Sohn-Bilder seien, aber er fühle dabei noch nichts und schaue auf das Kind wie auf ein fremdes. „Ach, was habe ich meine Gefühle ausgeschaltet und finde sie nicht mehr!"

Da ich über Körpererinnerungen, deren Kraft und Wirkung viel nachgedacht, experimentiert und geschrieben habe, greife ich erneut eine Möglichkeit der Anwendung auf und wähle das Bild, auf dem der Sohn auf den Knien des Vaters sitzt, und sein kleines Bein hängt zutraulich über dem großen Bein des Vaters. Ich sitze auf meinem Sessel direkt neben ihm auf der

Couch, er ahmt die kindliche Haltung – für sich ein kleines Knie auf großem Knie – mit mir nach. So bleibt er minutenlang sitzen, horcht in sich rein und fängt an zu weinen, seine Hand liegt wie im Bild auch auf meinem Knie. Er kann sich entspannen, die Augen schließen und mich wieder mit dem Blick nach mir suchen. Ein Brennen in den Augen, ein unterdrücktes Weinen und eine Anspannung in der Magengegend lösen sich auf, ich lege meine Hand auf seine, und er meint, das könne die Hand, mein Knie das des Vaters sein, „die tauchen jedenfalls in der Erinnerung auf." Doch als er zum Schluss auf das aufgehängte vergrößerte Bild des Vaters blickt, meint er: „Ich weiß, das muss er sein, aber es bewegt noch nichts in mir."

Für die nächste Stunde hat er weitere Fotos mitgebracht, meist bei Ausflügen oder Ferien aufgenommen, die wir, aneinander gelehnt sitzend betrachten, und ich äußere angesteckt fröhlich, das seien ja lauter fröhliche Bilder, in verschiedenen Altersstufen. Es kommen einige beglückende atmosphärische Erinnerungen hoch: „Ich erlebe nebelhaft die Heiterkeit, aber meine Seele reagiert weiterhin stumpf." Wir sind wieder weit weg von jedem Anflug von Trauer. Doch er sagt, er habe derzeit immer wieder sowohl traurige wie zuversichtliche Träume mit undeutlichen Bildern des Vaters, und ich schlage ihm den Satz vor: „Papa, ich werde noch um Dich trauern können, aber nicht in dem gemeinsamen Trauersumpf mit der Mutter. Ich habe genug davon, mich unendlich mehr um sie als um mich zu kümmern." Er verabschiedet sich voller Hoffnung.

Es gibt weitere bergende Verwendungen der Hand bei anderen Patienten: Wenn ich senkrecht nahe zur Couch sitze und sie, nach Vorfantasieren der Handlung und dem Vorbesprechen ihrer möglichen Wirkung, auf das obere Brustbein lege.

Es ist die zentral beruhigende Haltung der Mutter, auf das in ihrem Arm geborgene Kind ihre für den Säugling groß wirkende Hand zu le-

Vater und Sohn (Foto: Monkey Business Images,shutterstock_181414673)

gen. Sie blickt auf das Kind lächelnd nieder, eingehüllt in ihre schmeichelnden und ermutigenden Laute. Ein Blickdialog zwischen Schauen und Augenschließen begleitet die Szene in der sicheren Regression. Geborgenheit und das Tanken seelischer Kraft wechseln sich ab oder ergänzen sich. Es ist die Wiederholung inniger körperlicher Geborgenheit mit verschmelzendem oder suchendem Blickkontakt, zusammen mit der Möglichkeit beginnender seelischer Begleitung mit der der langsam mitwachsenden symbolisierenden Sprache, mit Lauten, einzelnen Worten kleinen Sätzen.

Noch ein paar Sätze zur belebenden starken und Widerstand gebenden Hand: Es braucht manchmal weitere Ermutigung, um Architektur und Stärke der Hand zu erforschen, mit Sätzen wie: „Fassen Sie so kräftig zu, wie Sie wollen und sich trauen, zuzupacken. Prüfen Sie meine Kraft und Wärme, kneten Sie sie, zerren Sie an ihr, stoßen Sie gar zurück, sie wird trotzdem nahe bleiben oder auf Wunsch zu Ihnen zurückkehren (je nach eigener Kraft)."

Inmitten der Zärtlichkeit oder „liebevollen Gewaltsamkeit" (welche Lust für Kinder!) ist also auch Aggressivität erlaubt, die so innig wie wütend sein kann. Sie mildert sowohl die Angst vor

Foto: KieferPix (shutterstock.com)

zerstörerischen Fantasien und Wünschen wie sie das Arbeitsbündnis dankbar erweitert.

In der körpertherapeutischen Paartherapie ist die Anleitung und Ermutigung zum Wieder-Anfassen hilfreich bei älteren Paaren, die schon berührungsscheu ihre Verbindung begonnen haben oder mit zunehmendem Alter wieder scheu geworden sind. Sie halten oft viel körperliche Nähe für nicht mehr altersgemäß und sind im Stillen dabei, wieder sehnsüchtig nach Berührung zu verhungern.

Auch in der Palliativmedizin gibt es neben ängstlich einfühlsamem Personal auch solche Menschen, die ohne Scheu aktiv Berührung anbieten, um den schweren Weg zum Sterben zu erleichtern und zu entängstigen und eine manchmal letzte und tröstende Nähe anzubieten.

Literatur

Geuter, U. (2019) *Praxis Körperpsychotherapie. 10 Prinzipien der Arbeit im therapeutischen Prozess*. Heidelberg: Springer.

Heisterkamp, G. (1999): Heilsame Berührungen. Praxis leibfundierter analytischer Psychotherapie. Stuttgart: Klett Cotta.

Moser, T. (2011). *Psychoanalyse und Körpertherapie*. https://www.tilmannmoser.de/site/neue_texte/psychoanalyse_und_koerperpsychotherapie.html

Moser, T. (2001). *Berührung auf der Couch. Formen der analytischen Körperpsychotherapie*. Frankfurt: Suhrkamp.

Tilmann Moser
Dr. phil. Tilmann Moser, Jahrgang 1938, ist Psychoanalytiker und Körperpsychotherapeut. Er praktiziert seit 1978 in Freiburg im Breisgau und bietet für praktizierende Therapeuten Seminare zum Thema Psychoanalyse und Körpertherapie, seelische Spätfolgen von NS-Zeit und Krieg sowie Psychotherapie und Religion an.

Die Paradoxie der Berührung in der Psychotherapie

Volker Münch

Bereits im allerersten Moment einer Begegnung berührt mich ein Mensch oder eher nicht. Dies gilt für Alltagsbeziehungen und in noch anderer Weise für die psychotherapeutische Beziehung. Letztlich führt allein dieses Berührt-Sein, das sich oft recht schnell etabliert, dazu, dass der Heiler-Archetyp im Patienten aktiviert wird, sobald der Therapeut bereit ist, sich innerlich mit den durch die Begegnung aktivierten eigenen Verletzungen auseinanderzusetzen. Ohne das eigene Berührtsein kann ich selbst nicht berühren – es sind zwei Seiten eines Vorgangs.

Ich glaube, James Hillman (1986) hat das einmal so formuliert, dass Patienten und Patientinnen unbewusst entscheiden, ob sie dem Therapeuten bzw. der Therapeutin erlauben, sie zu heilen. Entscheiden tut also der Patient bzw. die Patientin, und dies oft sehr früh und weitgehend unbewusst, indem er bleibt und uns Vertrauen schenkt, auch ein Aspekt unserer Arbeit, der uns als Therapeuten und Therapeutinnen berühren kann.

Mit den eigenen Verletzungen, also auch dem persönlichen Schatten, habe ich mich als Therapeut*in in der Regel weitergehend bereits selbst auseinandergesetzt. Dazu sollen Lehrtherapie oder -analyse beitragen. Therapeut*innen wissen zudem, dass auch die jahrzehntelange Erfahrung in der therapeutischen Arbeit eine wachstumsfördernde Funktion für beide Beteiligten haben kann. Dies liegt daran, dass es diese innere Berührung, diese seelische Nähe in jeder intensiven therapeutischen Beziehung gibt. Immer wird eine Facette, eine biografische und persönliche Seite des Therapeuten angesprochen, in Schwingung versetzt oder herausgefordert.

Zwischen dieser persönlichen Ebene und der fachlichen, professionellen Ebene gibt es immer eine Spannung, die ausgehalten werden muss, auch um die notwendige Distanz der therapeutischen Beziehung dauerhaft aufrecht erhalten zu können.

Durch die Intensität der analytischen Beziehung wird das Thema der körperlichen Berührung zu einem sehr heiklen innerhalb der analytischen Community. Angesichts der immer noch hohen Zahlen von Behandlungen, die zu auch körperlichen Übergriffen und missbräuchlichem Verhalten seitens der Behandler und Behandlerinnen führen, ist Wachsamkeit und Professionalität in der Handhabung der Übertragung vonnöten, vor allem aber ein Abschied von der Vorstellung, ungeschulte Therapeuten wüssten immer mit Berührung – vor allem der notwendigen Unterscheidung äußerer und innerer Berührung – umzugehen.

Die ethische Dimension therapeutischen Arbeitens ist also eng mit der Begrifflichkeit und dem Verständnis von Berührung verknüpft. Wie David Mann (1999) in seinem Buch *Psychotherapie – eine erotische Beziehung* einleuchtend beschrieben hat, geht es darum, ein Gespür für die Passung der Beteiligten zu erlangen und dieses zu nutzen. Die therapeutische Beziehung ist ein äußerst vielschichtiges Geschehen, das natürlich auch die körperlichen Realitäten und Bedürfnisse der involvierten Subjekte umfasst.

Selbstverständlich ist heute, was sich auch in der Akzeptanz der intersubjektivistischen Theorien zeigt, dass sich der Therapeut, die Therapeutin als Mensch und mit seinem/ihrem Leben psychisch berühren lassen muss, um wirksam sein zu können. Dies entspricht letztlich dem, was Jung in der „Psychologie der Übertragung" (GW 16) für die unbewusste Dimension der therapeutischen Beziehung herausgearbeitet hat.

Um eine Bewusstwerdung, heute würde man sagen einen Mentalisierungsprozess, in Gang zu setzen, ist es elementar, Bedürfnisse nach Nähe und Berührung wahrzunehmen und ihnen innerlich Raum zu geben. Der selbstfürsorgliche Umgang mit körpernahen Bedürfnissen, wie sie oft unter starken Emotionen aufkommen, kann erlernt werden, wenn darüber gesprochen werden kann. Hier sind es die *Worte, die berühren* (Quinodoz, 2011) und auch amplifizierende Bilder, die gefunden werden wollen, die neue innere Räume auftun können.

Es ist sicher so, dass viele unserer Patienten und Patientinnen von Sehnsüchten nach Berührung, auch nach körperlichen, bewegt sind. Und diese gehen mit vielen Problemen, wie Depressionen, narzisstischen Entwicklungen, mit Ängsten und Selbstunsicherheiten einher.

Dass diesen Bedürfnissen und Bedürftigkeiten in der analytischen Psychotherapie auf versprachlichte und verbildlichte Weise begegnet wird, stellt eine Frustration dar, für die jedoch ebenfalls ein Raum der Betrauerung geschaffen werden sollte.

Zu verstehen gilt es auch oft, dass es um die Bedürftigkeiten geht, die einen als Kind bewegt haben und dass es oft um die Frage geht, wie man sich nun diesen Regungen als Erwachsener sich selbst gegenüber innerlich verhält.

Selbstannahme und damit Selbstfürsorge sind essenziell, um zu Beruhigung dort zu verhelfen, wo körperliche Bedürftigkeiten aufgrund ihres Unbeantwortet-Seins vorübergehend übermächtig werden können.

Erreicht werden kann dies durch die Erfahrung, dass man fühlt, dass mein Therapeut/ meine Therapeutin sich von mir berühren lässt, dass er/sie anders mit mir umgeht, auf einer mitmenschlichen, aber immer auch symbolischen Ebene.

Die Begrenzungen und Versagungen in einer Therapie sind oft Ansporn für Betroffenen, sich innerlich Klarheit zu verschaffen und sich im realen Leben Kontakte aufzubauen, die helfen, auch in Hinsicht auf die körperlichen Bedürftigkeiten reale neue Erfahrungen machen zu können.

Essentiell ist hierzu, dass auch der Therapeut oder die Therapeutin ihre eigenen Bedürfnisse nach Berührung gut wahrnimmt und ggf. betrauern kann. Die Spannung, die dies ermöglichen kann, sollte in einer Therapie gehalten und erhalten werden, sodass auch die Emanzipation aus der Beziehung heraus gelingen und die Übertragungsabhängigkeit überwunden werden kann. Beide Menschen sind zusammengekommen, um sich hoffentlich gut wieder trennen zu können, aber innerlich berührt und bereichert. Dennoch berührt ein Therapeut natürlich nicht nur innerlich oder im übertragenen Sinne, sondern er wird sinnlich erfassbar für den Patienten, wenn er oder sie ihm oder ihr die Hand gibt zur Begrüßung und Verabschiedung, er wird in seiner Persönlichkeit erfassbar über die Einrichtung und Kleidung. Seine Mimik und Gestik sagt einiges über ihn aus und auch der Geruch, den die Praxis oder seine Körperlichkeit subliminal ausstrahlen, ist wirksam. Alle diese Sinneseindrücke sind ja auch körperliche Begegnungen in einem erweiterten Sinne.

Therapeuten wie Jörg Scharff (2010) oder Steven Knoblauch (2014) haben beschrieben, wie die Färbung der Stimme, deren Melodie und Rhythmizität ganz erheblich zu gelingenden therapeutischen Dialogen beitragen. Auch die Mikroanalyse von therapeutischen Sitzungen, wie sie von M. Buchholz systematisch durchgeführt wurde, zeigt, wie subtil die Momente der Abstimmung und Berührung sind.

Ein therapeutischer Dialog hat offenbar auch musikalische Qualitäten, mutet zuweilen wie ein Tanz an, in dem sich zwei Seelen begegnen und berühren können. Gerade die Metapher des Tanzes erscheint mir sehr geeignet, denn die große Nähe, die herstellbar ist und die die gemeinsame Teilhabe an einem größeren (dort musikalischen) Kontext ermöglicht, gelingt nur, wenn klare Regeln über das Verhalten eingehalten werden.

Auch die Ritualisierung der therapeutischen Begegnung im Sinne einer richtig verstandenen Abstinenz, die Regelmäßigkeit und Begrenztheit der Sitzungen ermöglicht erst jene Freiräume, die Entwicklung ermöglichen.

Wesentlich ist, dass sich Therapeuten und Therapeutinnen auf Ihr Gegenüber wirklich einlassen und die therapeutische Haltung nicht als Bollwerk gegen eigene Verstrickungsängste und ungelöste Komplexe nutzen. Die eigene Offenheit, Fehlbarkeit und Verletzbarkeit kann in einer längeren Therapie auch dem Patienten sichtbarer werden, ohne dass ich dazu explizit werden muss.

Dieser realistischere, übertragungsfreie Blick des Patienten auf den Menschen „Therapeut" hat für diesen oft etwas sehr Heilsames, da hier Verbindung und Berührung auf der basalen menschlichen Ebene der von allen geteilten Erfahrungen stattfindet. Für C. G. Jung war es diese Teilhabe am gemeinsamen archetypischen Urgrund, der eben jene Zuversicht und

Das Beziehungs-Quaternio-Modell

C. G. Jung hat in seiner Arbeit *Die Psychologie der Übertragung* (GW 16) die therapeutische Beziehungsdynamik anhand der Symbolik einer alchemistischen Bilderserie (Rosarium Philosophorum, 1550) dargestellt.

Voraussetzung für einen gelingenden Prozess ist eine aufrichtige, authentische und vertrauensvolle Haltung (hier durch die Nacktheit symbolisiert) von Therapeut*in und Klient*in. Es kommt zu einem gegenseitigen kommunikativen Austausch bewusster und unbewusster Aspekte. Die Taube symbolisiert, dass es dabei um ein höheres geistiges Ziel geht, nämlich die Entwicklung der Persönlichkeit, die letztlich beide Partner in diesem Prozess betrifft.

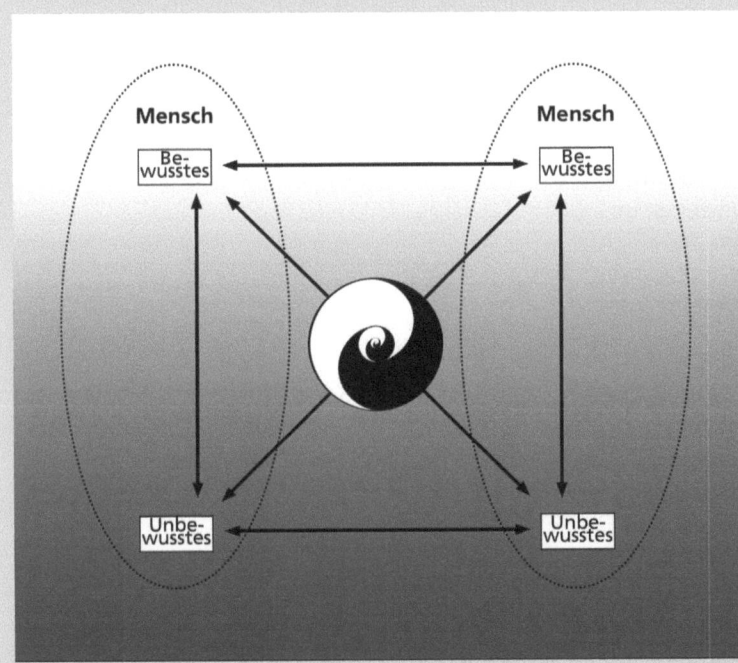

Zwei Menschen mit ihren unterschiedlichen Persönlichkeitsstrukturen, Einstellungen, Werten, Komplexen berühren und beeinflussen sich, wenn sie wirklich in Kontakt miteinander treten, in vielfältiger, meist weitgehend unbewusster Weise gegenseitig.

Die Yin-Yang-Spirale soll andeuten, dass eine Beziehung sich fortwährend wandelt und selbstregulierend ausbalanciert.

Wenn keine kreative Austauschdynamik mehr stattfindet, wird die Beziehung unlebendig, sie kommt zum Stillstand und gerät in eine Krise.

In jeder Beziehung zwischen Menschen finden zahlreiche, meist unbewusste und nonverbale Austauschprozesse statt. Das, was auf der bewussten Ebene kommuniziert wird, ist nur der allerkleinste Teil dessen, das intrapsychisch in jedem Beteiligten abläuft.

Selbst-Erfahrung möglich macht, die wir mit gelungenen Behandlungen in Verbindung bringen. Um sich berühren zu lassen, muss ich mir als Therapeut immer wieder diese Offenheit erarbeiten, muss Theorien zur Seite tun, muss mir klar werden, welche Fragen noch nicht gestellt sind.

Wenn mir andeutungsweise klar ist, was ich alles noch nicht weiß und wissen kann, behalte ich auch den Respekt vor dem Numinosen im Leben des Patienten und lasse dieser Erfahrung Raum, den Patienten zu „durchwirken". So kann er von dem, was er bislang abspalten musste, berührt und bereichert werden.

Diese essenzielle Ebene von Berührtwerden findet auf einer intrapsychischen Ebene statt, die freilich den Rahmen einer intersubjektiven Begegnung benötigt, um in Gang kommen zu können. Sehnsucht nach Berührung heißt dann auch, die Sehnsucht nach Kontakt zu eigenen Seelenanteilen wieder zu erlangen. Dies führt zu mehr Frustrationstoleranz, Ausgeglichenheit, Unabhängigkeit, heute würde man auch sagen Selbstregulationskompetenz.

Berührung ist somit auch eine Metapher für sehr verschiedene Vorgänge, die nicht unmittelbar mit Körperlichkeit zu tun haben müssen, aber immer körperlich-seelische Auswirkungen haben. Uns berührt ein Blick, eine Stimme, ein Mensch, auch und gerade in seinen Schwächen. Und dies ist immer ein gegenseitiger Prozess des Austausches der Gewissheit von Ungewissheiten, mit denen wir alle zu leben haben. Berührung lebt weiter, sie ist nie von Dauer, wir bewegen uns ständig in einem oszillierenden Raum zwischen Momenten größerer Nähe und wieder notwendigem Abstand. Allein durch diese Bewegung wird Reifung gefördert.

Und so kann auch die erkannte Nicht-Berührung, das Verfehlen, der Bruch im Kontakt, wird er erkannt, zu einer Art von Berührtsein, Heilung, Integration führen. Die Selbstpsychologie hat dies mit dem Konzept der *Disruption and Repair* – etwa: Unterbrechung und Wiederherstellung benannt (Lachmann, 2004). Die Anerkennung dessen, was nicht möglich war und ist, verhilft so dazu, zu sehen, was da ist und kann zur Selbstwertschätzung verhelfen.

Somit kommt der Realität der Negativität, hier der Erfahrung der Nicht-Berührung, – kann sie denn ausgehalten werden –, ein wachstumsfördernder Aspekt zu. Auf diesem Weg kann auch die Aggression, als wichtiges emotionales Signal, das anzeigt, wie stark wir aversiv berührt sind, zur Geltung kommen. Innere Berührung ist als wesentlich anzusehen, um über mangelndes äußeres Berührtwerden oder Gewalterfahrungen hinwegkommen zu können. Die psychische Präsenz der therapeutisch Tätigen ist immer eingebettet in ihre Körperlichkeit. Es gehört zur Paradoxie therapeutischer Arbeit, dass sie zum einen zutiefst emotional und auf die Körperlichkeit seelischen Geschehens bezogen ist und zum anderen aufgrund der unentbehrlichen Professionalität in einer Haltung des Verzichts agiert und mit und aus diesem Spannungsfeld heraus Veränderung herbeiführen kann.

Literatur

Becker-Fischer, M. (2008).*Sexuelle Übergriffe in Psychotherapie und Psychiatrie*. Kröning: Asanger.

Mann, D. (1999). *Psychotherapie – eine erotische Beziehung*. Stuttgart: Klett-Cotta.

Moser, T. (2001). *Berührung auf der Couch*. Frankfurt: Suhrkamp.

Hillman, J. (1986). *Die Heilung erfinden*. Zürich: Schweizer Spiegel Verlag.

Jung, C. G. (1946). *Die therapeutische Beziehung*. in: GW 16. Zürich: Patmos.

Lachmann, F. M. (2004). *Aggression verstehen und verändern*. Stuttgart: Klett-Cotta.

Quinodoz, D. (2011). *Worte, die berühren*. Frankfurt: Brandes und Apsel.

Scharff, J. (2010). *Die leibliche Dimension in der Psychoanalyse*. Frankfurt: Brandes und Apsel.

Knoblauch, S. H. (2014). *The musical edge of therapeutical dialogue*. London: Routledge.

Volker Münch
Eigene Praxis für Analytische Einzel- und Gruppentherapie in München. Lehranalytiker, Supervisor am Jung-Institut München, der MAP und beim CIP München. Berufspolitische Funktionen für die DGPT und die DGAP. Seit März 2020 Vorstandsmitglied der DGAP. Autor und Dozent.

Künstliche Berührung: Vom körperlosen Cyberspace bis hin zum künstlichen Körper

Lisa Hübner & Christiane Eichenberg

Foto: geralt (pixabay.com)

In der psychoanalytischen Arbeit als „talking cure" ist die Sprache eines unserer wichtigsten Werkzeuge. Nähern wir uns auch hier zunächst sprachlich dem Begriff der „Berührung", müssen wir Folgendes feststellen: Eine Berührung durch Hautkontakt zwischen zwei Individuen wird von beiden taktil wahrgenommen und ist einerseits eine körperliche Erfahrung. Andererseits wird dieser körperliche Kontakt psychisch verarbeitet und kann als angenehm oder unangenehm, warm und liebevoll oder sogar als missbräuchlich und übergriffig empfunden werden.

In der klassischen psychoanalytischen Arbeit findet Berührung mit unseren Patienten fast ausschließlich durch den Händedruck bei der Begrüßung und Verabschiedung statt. Häufig erleben wir Berührung jedoch dann, wenn wir uns durch die Erzählung eines Patienten „berührt" fühlen. Diese „psychische Berührung" kann

wiederum einen körperlichen Ausdruck annehmen, z. B. durch plötzlich einsetzende Müdigkeit, durch das Spüren von einem Druck auf der Brust, einem Kloß im Hals oder sogar Übelkeit.

Der Begriff „Berührung" vermag in seiner eindeutigen Zweideutigkeit also sowohl eine körperliche als auch psychische Erfahrung auszudrücken. Wenn wir über Berührung im Kontext von Technologie und Cyberspace nachdenken, ist es wichtig, diese Qualität des Begriffes zu erinnern.

Denn anders als im Behandlungszimmer, in dem der Analytiker real präsent ist, kann es im virtuellen Raum des Cyberspace zwischen Internetnutzern z. B. während des Chattens, beim Spielen von Online-Rollenspielen oder auch in der therapeutischen Behandlung (z. B. Online-Therapie via Chat oder Skype) zwar zu Kontakt und Berührungen kommen, jedoch ohne dass

Ramona Heim. (Adobe Stockfoto)

die Erfahrung einer körperlichen Berührung überhaupt möglich ist.

Körperlichkeit im virtuellen Raum

In der psychoanalytischen Literatur wurde der Körper im Cyberspace bereits von verschiedenen Autoren thematisiert. Slavoj Zizek (1999) setzte sich schon früh mit dem Gedanken der Körperlosigkeit im virtuellen Raum auseinander. Beim Eintauchen in den virtuellen Raum lassen wir nach Zizek den physischen Körper am Bildschirm zurück. Laszig (2003) gibt einen Überblick bestehender Literatur zu dieser Thematik, den er um Gedanken zu weiteren aktuellen wissenschaftlichen und technischen Entwicklungen (Gentechnik, High-Tech-Prothetik, Robotik) erweitert. Die bekannte Körper-Geist-Dichotomie wird dem Autor zufolge durch eine Trichotomie von Körper, Geist und Maschine abgelöst.

Nach Lemma (2016) verleugnet der Cyberspace die Leiblichkeit und bietet Usern somit auch eine Möglichkeit, dem eigenen Körper zu entfliehen. Die Autorin arbeitet insbesondere die klinischen Folgen der Körperlosigkeit im Cyberspace heraus und erläutert, dass die virtuelle Welt ein Abwehrmittel für Personen bietet, die

versuchen sich den psychischen Implikationen eines Körperselbst zu entziehen.

Im Folgenden möchten wir unter Rückbezug der bereits bestehenden zuvor erwähnten psychoanalytischen Gedanken der Frage nachgehen, welche Auswirkungen die Körperlosigkeit im Cyberspace auf das Erleben von Berührung im virtuellen Raum hat. Anschließend möchten wir darstellen, wie sich Berührung zwischen Körper, Geist und Maschine gestalten kann, indem wir Ergebnisse unserer Studie zum Einsatz von Sexrobotern in der Sexualtherapie diskutieren.

Berührung im körperlosen Cyberspace

Im Cyberspace ist der körperliche Aspekt des Kontakterlebens mit einem anderen Individuum real unmöglich und gleichzeitig gewinnt dort, wo die Realität ausgeklammert werden kann, der Raum des Imaginären an Größe. Online-Rollenspiele ermöglichen Usern unterschiedliche Identitäten durch sogenannte Avatare auszuprobieren und sogar neue Welten zu erschaffen. Die Avatare können für den Spieler im Unbewussten einen Teil des eigenen Selbst repräsentieren oder ein Ich-Ideal als Wunsch davon, wie man selbst gerne sein würde. Dies kann im positiven

Sinne einen Raum zum Probehandeln ermöglichen, aber z. B. für Menschen mit starken Identitätsproblemen die Konfliktdynamik verschärfen, z. B. in der Ausbildung eines falschen Selbst im Sinne Winnicotts.

Durch Identifikation mit dem eigens kreierten Avatar im Online-Spiel kommt es im Kontakt mit Avataren von anderen Spielern zu einer „künstlichen" Berührung, die der Spieler jedoch real erlebt, z. B. als erregend oder auch traumatisierend. Insbesondere das Phänomen von Cybervergewaltigung in Online-Rollenspielen (siehe hierzu Jagodzinski, 2004), nach denen Betroffene schildern, sich wirklich vergewaltigt zu fühlen, verdeutlicht in diesem Kontext die Kraft der künstlichen Berührung. In der Psychotraumatologie ist noch eine offene Frage, inwiefern virtuelle und reale Vergewaltigungen vergleichbar sind oder eben Unterschiede aufweisen (Eichenberg & Malberg, 2011).

Im körperlosen Cyberspace kann der Avatar durch Identifikation im Imaginären zu etwas Lebendigem werden, sodass es für User oftmals nicht möglich ist, die Erfahrungen in der virtuellen Realität vom realen Körper bzw. dem Ich zu trennen. Es stellt sich also die Frage, welche Bereiche des Innenlebens von Internetnutzern im Cyberspace „berührt" werden, da sich insbesondere die zuvor beschriebenen Online-Rollenspiele, aber auch soziale Netzwerke für Projektionen und zum Ausagieren von unbewussten Fantasien eignen.

Der künstliche Andere

Berührung ist zunächst etwas Zwischenmenschliches. Wenn wir Berührung fantasieren, dann findet diese zwischen zwei Individuen statt. Das Urbild der Berührung ist das des Säuglings in den Armen der Mutter. Durch die Berührungen der Eltern erfährt das Baby seine erste körperliche Begrenzung, und Berührungen unterstützen den Aufbau der Bindung zwischen Eltern und Kind.

Doch auch die Berührung von unbelebten Objekten wie Kuscheltieren oder Puppen spielt in der kindlichen Entwicklung eine wichtige Rolle. Schon kleine Kinder umsorgen ihre geliebten Objekte so, wie sie selbst umsorgt werden möchten, dazu zählt auch der körperliche Kontakt wie streicheln, kuscheln und berühren. Dem Kind hilft es in seiner Entwicklung unter anderem bei der Trennung von seinen Bezugsper-

sonen (vgl. hier die Übergangsobjekte nach Winnicott) und später auch als soziales Lernen, ein unbelebtes Objekt zu anthropomorphisieren.

Doch auch in Märchen, Mythen und Sagen und später in Romanen und Filmen begegnet uns die Thematik von unbelebten Objekten, die lebendig werden, immer wieder. Die Geschichte von der Holzpuppe Pinocchio, die zum Leben erwacht und ihrem Schöpfer, dem Holzschnitzer Geppetto, ausreißt, ist in Italien bereits seit 1881 bekannt. Pinocchio erlebt als lebendige Holzpuppe unterschiedliche Abenteuer, verspricht zwar seinem Schöpfervater immer wieder, ein braver Junge zu sein, doch gelingen mag ihm dies zunächst nicht. Erst als er seinen Vorsatz, ein ehrlicher und verantwortungsvoller Junge zu sein, erfolgreich durchhält, wacht er eines Tages als „richtiger" Junge aus Fleisch und Blut auf.

Diese Geschichte ist durch zwei Aspekte ein interessantes und ebenso aktuelles Beispiel für die Auseinandersetzung mit künstlichem Leben: Zum einen kommt hier der (unbewusste) omnipotente Wunsch nach schöpferischer Macht, der in der Belebung von unbelebten Objekten steckt, zum Ausdruck. Zum anderen wird die Frage thematisiert, wer der künstliche Andere ist, der aus dieser Wunscherfüllung entstanden ist.

Die Geschichte trifft mit dieser Frage den Kern der Debatte um künstliche Intelligenz im Forschungsfeld der Robotik. Was ist ein vom Menschen erschaffener Roboter mit künstlicher Intelligenz? Oder anders gefragt: Besitzen Roboter Gefühle, haben sie die gleichen Rechte wie Menschen und werden sie uns Menschen nützen oder schaden? Das sind Fragen der bereits etablierten Roboterethik (z. B. Loh, 2019).

Sexrobotik: Kann künstliche Berührung heilen?

Im Kontext des Themas Berührung sind Roboter von besonderer Relevanz, denn durch ihre Hardware-Verkörperung besteht die Möglichkeit einer körperlichen Berührung zwischen Mensch und Maschine, was im virtuellen Raum, wie zuvor bereits beschrieben, nicht der Fall ist. Die Möglichkeit von körperlichen Berührungen eröffnet auch das Thema der Intimität und Sexualität in der Mensch-Roboter Interaktion. Auch dieser Aspekt wird in Literatur und Filmen vielfach thematisiert.

In der internationalen Fachliteratur wurde die Auseinandersetzung mit Robotersex bereits im

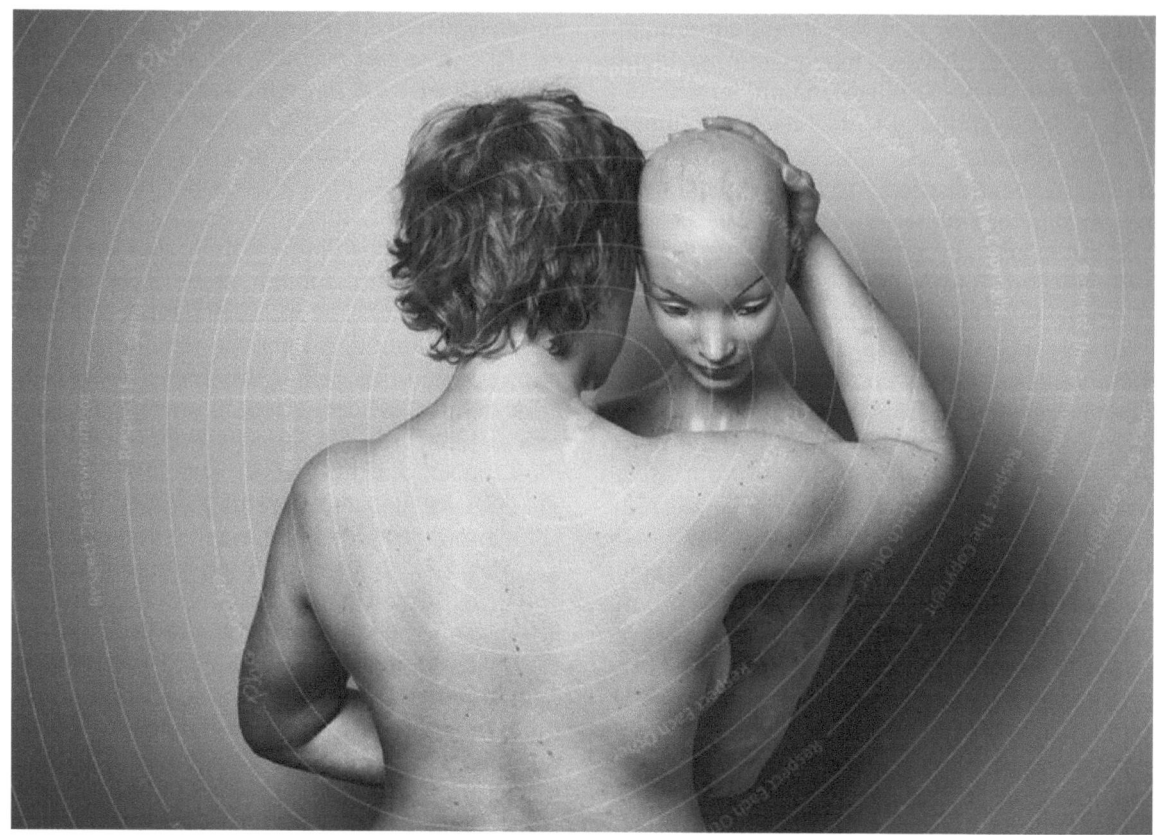

Foto: spacejunkie (www.photocase.de)

Jahr 2007 durch David Levys Monografie „Love and Sex with Robots" angestoßen und in aktuellen Diskussionen über Technologie und Zukunft menschlicher Beziehungen kommt Sexrobotik zunehmend eine bemerkenswerte Aufmerksamkeit zu. In zwei eigenen Befragungsstudien befragten wir daher die Allgemeinbevölkerung (Eichenberg et al., 2019) sowie Sexualtherapeuten (Eichenberg, Khamis & Hübner, 2019) über die Vorstellbarkeit der Verwendung von Sexrobotern allgemein und auch als Tool in der Sexualtherapie.

Sexroboter sind Sexpuppen mit künstlicher Intelligenz, die interagieren und ein anthropomorphes Erscheinungsbild aufweisen. Für die Entwicklung von Sexrobotern legte der Erfolg von Sexpuppen den Grundstein. Derzeit gibt es verschiedene Sex-Roboter auf dem Markt, die von der Sexindustrie angeboten werden und sowohl bewegungs- als auch kommunikationsfähig sind. Käufer können über verschiedene Varianten in der Optik des Roboters (Größe, Körperbau, Haar- und Augenfarbe) bestimmen

und bei einigen Modellen ist die charakterliche Anpassung des Roboters durch Auswahl von Merkmalen und Emotionen, die den Besitzer ansprechen, möglich, z. B. Scheu oder Humor. Der Preis für einen Sexroboter variiert zwischen 5.000 und 15.000 US-Dollar.

Wir befragten N=203 Internetnutzer im deutschsprachigen Raum mit einem selbstkonstruierten Online-Fragebogen zur gesellschaftlichen Akzeptanz von Sexrobotern, wobei 3,9 Prozent der Befragten angaben, bereits einen Sexroboter verwendet zu haben und der Großteil (82,3 Prozent) die Anwendung für gesellschaftlich akzeptabel hält.

In Bezug auf das therapeutische Potenzial von Sexrobotern können sich 83 Prozent der Befragten die Anwendung vorstellen, um das eigene psychische Wohlbefinden zu verbessern und 82 Prozent, um ein sexuelles Problem damit bearbeiten zu können (z. B. Ejaculatio Praecox). Mehr als die Hälfte der Befragten (knapp 60 Prozent) können sich die Anwendung von Sexrobotern im Kontext einer psychotherapeutischen

Behandlung vorstellen und 71 Prozent, um Formen sexueller Belästigung für Ausbildungs- und Präventionszwecke darzustellen.

Die Ergebnisse verdeutlichen eine hohe Akzeptanz gegenüber Sexrobotern in der Allgemeinbevölkerung auch im Bezug auf den Einsatz in der Sexualtherapie.

Im Vergleich dazu befragten wir auch Sexualtherapeuten (N=72) zu ihrer Einstellung mittels Online-Fragebögen und Interviews. Auch hier kann sich ein Großteil (89 Prozent) den Einsatz von Sexrobotern generell vorstellen, kritischer waren die Einstellungen der Therapeuten jedoch, wenn es um die Empfehlung von Sexrobotern in der Therapie geht. So lehnte ein Drittel jegliche Verwendungsmöglichkeit bei ihren Patienten ab.

Die Einstellung gegenüber Sexrobotern variierte im Bezug auf das Alter, das Geschlecht und die Ausbildung der Befragten. Weibliche, ältere und psychologisch geschulte Therapeuten hielten den Einsatz von Sexrobotern als Tool in der Therapie im Vergleich zu männlichen, jüngeren und medizinisch ausgebildeten Sexualtherapeuten für weniger sinnvoll und äußerten mehr ethische Bedenken wie Entmenschlichung, Gewalt, Vernachlässigung von zwischenmenschlichen Beziehungen, Sucht und Verstärkung von Problemen sowie die Förderung narzisstischer Motive.

Unsere Erhebung zeigte außerdem, dass konkretes Wissen über Sexroboter in der Fachwelt bisher noch fehlt. Das Meinungsbild der Therapeuten hängt stark von der medialen Darstellung von Sexrobotern und der daraus resultierenden individuellen Definition ab. Therapeuten, die Sexroboter als technische oder therapeutische Geräte (so wie beispielsweise Vibratoren) definierten, bewerteten ihre Existenz positiver. Therapeuten, die Sexroboter als Konsumgut definierten und ihre Entwicklung in Zusammenhang mit Pornografie betrachteten, bewerten ihre Existenz negativer.

In den vertiefenden Interviews konnten wir in Erfahrung bringen, wie Sexroboter aus Sicht der Therapeuten aussehen und funktionieren müssten, um als therapeutisches Werkzeug geeignet zu sein. Die Haut des Roboters wurde in diesem Zusammenhang am häufigsten angesprochen. Es sei wichtig, dass der Roboterkörper dem menschlichen Körper ähnelt, was bedeutet, dass der Roboterkörper ein „unvollkommenes"

Design annehmen muss, welches ein gesundes Körperbild vermitteln kann und sich anfühlen muss wie ein echter Mensch (z. B. auch Körperwärme), damit die Berührung möglichst authentisch ist.

Außerdem sollten Sexroboter, um therapeutisch wirksam zu sein, ihre eigenen Wünsche und Bedürfnisse haben und diese auch ausdrücken können, um Gespräche zu führen, Gefühle zu benennen und ihr Gegenüber darin zu motivieren, selbst über Gefühle, Wünsche und Bedürfnisse zu sprechen. Diese Eigenschaften könnten dabei helfen, die persönliche Entwicklung eines Patienten zu fördern.

Die befragten Sexualtherapeuten gaben an, dass Menschen mit sozialen oder emotionalen Blockaden, ältere Menschen in Pflegeheimen und Menschen mit Behinderungen vom Einsatz von Sexrobotern profitieren könnten, hingegen wurde ihr Einsatz in der Therapie von pädophilen Patienten kontrovers betrachtet.

Ist die Empfehlung von Sexrobotern in der Therapie als Hilfsmittel bisher noch hypothetisch und so auch die Frage, ob Patienten von der künstlichen Berührung eines Roboters profitieren könnten, so wissen wir bereits, dass Online-Therapien Patienten genügend berühren, um vergleichbare Wirksamkeitseffekte wie die Face-to-Face Behandlung aufzuweisen.

Sowohl die Bedeutung der stetig steigenden Nutzung des Cyberspace für den Menschen und seine Beziehungen zu anderen Menschen und zur Technik als auch das Entwicklungsfeld der künstlichen Intelligenz und Robotik lassen noch viele moralische, ethische und im Kontext der therapeutischen Behandlung auch behandlungstechnische Fragen ungeklärt, die es weiter zu evaluieren gilt.

Aus der Erfahrung in der psychoanalytischen Praxis wissen wir, dass es für uns Menschen eine größere Herausforderung ist, wenn unsere Triebwünsche tatsächlich in Erfüllung gehen. Im Bezug auf die Entwicklung von neuen Technologien müssen wir uns die Frage stellen, ob und wie wir mit dieser Herausforderung umgehen können.

Literatur

Eichenberg, C., Khamis, M. & Hübner, L. (2019). *The Attitudes of Therapists and Physicians on the Use of Sex Robots in Sexual Therapy: Online Survey and Interview Study.* J Med Internet Res, 21(8):e13853 DOI: 10.2196/13853.

Eichenberg, C. & Malberg, D. (2011). *Internet und sexuelle Gewalt: Zwischen Hilfsangeboten und virtuellen Übergriffen.* Zeitschrift für Psychotraumatologie, Psychotherapiewissenschaft und Psychologische Medizin, 1, 21–35.

Eichenberg, C., Ostermaier, E., Khamnis, M., Küsel, C. & Hübner, L. (2019). *Sexrob¬tik: Zwei Befragungsstudien zu Akzeptanz und Nutzungsoptionen in der Sex ualtherapie.* Vortrag auf dem Deutschen Kongress für Psychosomatische Medizin und Psychotherapie, 21.03.2019, Berlin.

Jagodzinski, J. (2004). *Identität im Cyberspace. Ein psychoanalytischer Zugang.* In B. Hipfl, E. Klaus & U. Scheer (Hrsg.), Identitätsräume. Nation, Körper und Geschlecht in den Medien. Eine Topografie (pp. 1–4). https://doi.org/10.14361/9783839401941-fm

Laszig, P. (2003). *Körper(wirk)lichkeit im virtuellen Raum.* In R. Ott & C. Eichenberg (Hrsg.). Klinische Psychologie und Internet. Potenziale für klinische Praxis, Intervention, Psychotherapie und Forschung (S. 292-303). Hogrefe: Göttingen.

Lemma, A. (2016). *Eine Ordnung der reinen Dezension. Aufwachsen in einer virtuellen Welt- das Körperleben des Jugendlichen.* In A. Lemma & L. Caparrotta (Hrsg.), Psychoanalyse im Cyberspace? Psychotherapie im digitalen Zeitalter (S. 125-156). Frankfurt a. M: Brandes & Apsel.

Levy, D. (2007). *Love and Sex with Robots: The Evolution of Human-Robot Relationships.* Harper Collins: New York.

Loh, J. (2019). *Roboterethik: Eine Einführung.* Berlin: suhrkamp.

Lisa Hübner
MSc., Psychoanalytikerin in Ausbildung. Forschungsschwerpunkte: Psychosomatik, E-Mental Health, Ethnopsychoanalyse.

Christiane Eichenberg
Univ.-Prof. Dr. phil. habil., Diplo.-Psych., Psychoanalytikerin, Leiterin des Instituts für Psychosomatik an der S. Freud-Universität in Wien. Forschungsschwerpunkte: Psychosomatik, E-Mental Health, Psychotraumatologie, Psychotherapieforschung.

Wie ein Mäuse-Paradies zur Hölle wurde

Am 9. Juli 1968 setzte der Verhaltensforscher John B. Calhoun acht Mäuse – vier Männchen und vier Weibchen – in einen geräumigen Käfig mit vielen Nistmöglichkeiten. Es gab mehrere Futterstellen, genügend Wasser und Nestbaumaterial, es war fast ein „Mäuseparadies", denn es gab keine Gefahren und Feinde. Die Mäusepopulation verdoppelte sich alle 55 Tage und endete bei 2200 Exemplaren, obwohl 6000 dort hätten leben können.

Es zeigte sich, dass sich die zunehmende Enge dramatisch auf das Verhalten der Tiere auswirkte. Aggressivität nahm zu, aber auch Depressivität und Apathie, die Weibchen kümmerten sich nicht mehr genügend um ihre Jungtiere, die Männchen wurden von den ewigen Kämpfen ums Territorium zermürbt. Es konnten keine Grenzen mehr gehalten werden. Bei der letzten Zählung, zweieinhalb Jahre später, gab es nur noch 27 Mäuse, und die schienen sich nicht mehr fortpflanzen zu wollen.

„Ich werde vor allem von Mäusen sprechen, aber meine Gedanken sind beim Menschen", so begann der Forscher, als er seine Versuchsergebnisse präsentierte. Er befürchtete, den Menschen werde es eines Tages mit der überbevölkerung so ähnlich gehen wie den Mäusen.

Massentourismus in Venedig (Adobe Stock)

Natürlich kann man einwenden, Menschen sind keine Mäuse, aber die negative Auswirkung von Massenansammlungen von Menschen sind in der Psychologie schon lange bekannt: Regression auf ein archaisches Niveau, Massenhysterie, De-Individualisierung, Bewusstseinsnivellierung, Infantilisierung, psychische Ansteckung und Epidemien, Verantwortungsabgabe, Rausch, kollektive Psychose, Anonymität.

In den letzten Jahren sind über die Bevölkerungsdichte in den Städten hinaus noch viele weitere Stressoren dazugekommen: Umweltverschmutzung, Reiz- und Informationsüberflutung durch die neuen Meiden, permanente Internet- und Smartphone-Präsenz, zeitgetaktetes Effektivitäts- und Qualitätsmangement, grenzenloses Konsumieren und Reisen. Die Frage ist, wie wir das alles gesund verkraften werden.

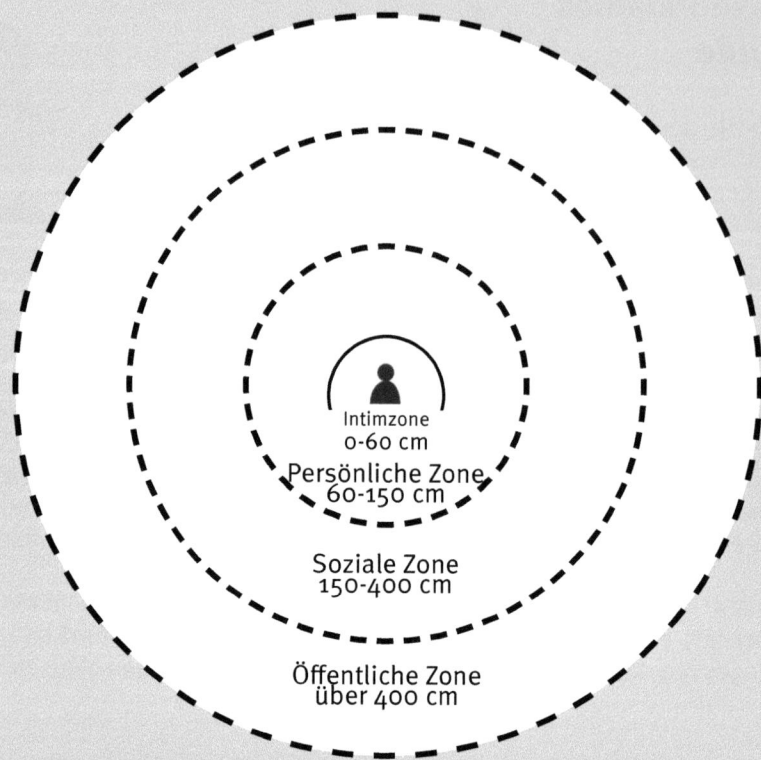

Intimzone
0-60 cm

Persönliche Zone
60-150 cm

Soziale Zone
150-400 cm

Öffentliche Zone
über 400 cm

Rück mir nicht auf die Pelle!

Die stimmige und angemessen Distanz zu einem anderen Menschen einzuhalten, spielt für unser soziales Leben eine wichtige Rolle. Wir haben alle ein sehr subtiles Empfinden dafür, mit welchen Menschen und welchen Sympathie- und Vertrautheitsgraden wir welche Nähe-Distanz-Grenzen an welchen Orten einhalten möchten.

Wenn Menschen, mit denen man nicht in einem guten, vertrauten Verhältnis steht, in die persönliche oder gar Intimzone eindringen, wird das meist als bedrohlich erlebt und mit Angst- und Abwehrsignalen beantwortet. Um aggressive Eskalationen zu vermeiden, versucht man in überfüllten Räumen, wie z. B. Aufzügen, Straßenbahnen und Flugzeugen, Blickkontakte weitgehend zu vermeiden, indem man etwa auf den Boden, an die Decke, auf sein Handy schaut oder die Augen schließt.

Ist bei nahestehenden Personen aber der Abstand zu weit, sind wir verunsichert. Wir fragen uns, was das zu bedeuten hat und wie unser Verhältnis zu dieser Person gerade ist.

Die oben angegebenen Durchschnittswerte variieren natürlich je nach gegebener Situation, aber auch Lebenserfahrung und typologischer Eigenart der Person (z. B. introvertiert oder extravertiert, schizoid oder depressiv, zwanghaft oder histrionisch) und aktueller Bedürfnislage. Sie unterscheiden sich aber auch zwischen den Kulturen und Nationen (z. B. „Nordländer" versus „Südländer") und führen oft zu Vorurteilen und Konflikten. Was bei der einen Nation als Ausdruck von Freundlichkeit und Anerkennung verstanden wird, wird bei der anderen als Frechheit und Machtgebaren interpretiert.

Nähe- und Distanzgrade können nicht nur durch die Entfernung, sondern auch durch vielerlei andere Signale vermittelt werden, z. B. laute/leise Stimme, Blickkontakt, Mimik, Gestik, wie etwa offene/verschränkte Haltung, Zuwendung/Abwendung des Körpers, Kleidung, Gegenstände, Statussymbole.

Von Berührung zum Machtmissbrauch
Übergriffe auf Kinder und Jugendliche und mögliche Wege zur Heilung

Luise Reddemann, Ulrike Reddemann, Fee Schäfer

Die wesentlichste Sinnesempfindung unseres Körpers ist die Berührung. Sie ist wahrscheinlich die wichtigste Wahrnehmung im Prozess des Schlafens und Wachens; sie vermittelt uns das Wissen von Tiefe, Struktur und Form; wir fühlen, wir lieben und hassen, sind empfindlich und empfinden durch die Tastkörperchen unserer Haut.
(J. L. Taylor, zit. nach Montagu, 1975/2015)

Einleitung

Bereits mit acht Wochen, wenn ein Embryo eine Länge von zweieinhalb Zentimeter hat, weicht er vor ungewohnter Berührung zurück. In diesem Entwicklungsstadium sind weder Augen noch Ohren wahrnehmungsfähig. Blind, taub, ohne Geruchs- oder Geschmackssinn kann der Mensch leben, aber nicht ohne die Funktionen der Haut. Ohne jegliche Berührung können Neugeborene die ersten Lebenstage nicht überleben.

Berührung ist für Kinder lebensnotwendig, und sie sollte auf feinfühlige Art gegeben werden, eingebunden in einen einfühlsamen Kontakt. So ermöglicht sie Zugang zum Selbst und Anderen. Kinder sind auf verlässliche Versorgung von Bedürfnissen durch Bezugspersonen angewiesen. Je jünger sie sind, umso verlässlicher sollten ihre Bedürfnisse nach Genährtsein durch liebevolle Berührung auf körperlicher und auch durch Berührtwerden auf psychischer Ebene befriedigt werden. Dies führt zu lebensnotwendigen Erfahrungen von Sicherheit, Anerkennung und Bindung.

Ältere Kinder und Jugendliche suchen Kontakt auch von sich aus und suchen ebenfalls Zärtlichkeit z. B. durch Kuscheln. Bezugspersonen benötigen die Fähigkeit zu feinfühliger Distanzregulierung. Der kleine Mensch macht dadurch Erfahrungen von Geborgenheit und Sicherheit und kann nach und nach auch erkennen, was seine eigenen Grenzen sind. Gelingt dies nicht, weil Berührungen zu intensiv und damit intrusiv sind oder andererseits auch, wenn sie zu wenig erfahren werden können, kann dies lebenslang zu Bindungsunsicherheit sowie Empfindungen von Leere und Haltlosigkeit und starker Unsicherheit führen.

Was das Kind braucht

Es gibt inzwischen genügend Erkenntnisse zur Bedeutung des frühen „Gestillt"-Seins durch Mütter wie Väter. Gehaltensein und eine gelungene Mutter-Kind-Interaktion wurden in den letzten Jahrzehnten in der Bindungsforschung als Voraussetzungen zur Entwicklung sicherer Bindungen auch im späteren Leben beschrieben. Es geht somit für die erwachsene Bezugsperson beständig darum, liebevoll präsent zu sein und Grenzen wahrzunehmen, um Grenzen zu wissen und diese einzuhalten.

Um Grenzüberschreitung vermeiden zu können, braucht es also eine gute Einstimmung auf das Kind. Gelingt diese nicht, sollte die Bezugsperson idealerweise in der Lage sein, im Nachhinein ein Zuviel oder Zuwenig zu reparieren. Fehlt die frühe Erfahrung von Gehaltensein, Getragensein und Geborgenheit, resultieren daraus Kontaktbindungsstörungen.

Heute wird der Berührung zum frühem Bindungsaufbau mehr Rechnung getragen: Mutter, Familie und Kind können nach der Geburt zusammenbleiben, um die frühe Mutter-Kind-Bindung zu unterstützen, Rooming-in, frühe Bezugsperson-Kind-Interaktion werden unterstützt. So werden die natürlichen Bedürfnisse nach Berührung durch Andere wie Nähe, Kuscheln, Trost, gehalten sein, sich geliebt fühlen können, Zärtlichkeit und Geborgenheit erfahren. Auch emotionale Zuwendung kann darüber hinaus als berührend erlebt werden.

Ältere Kinder wollen den Körper und Körpergrenzen bewusster erfahren, erforschen und erkunden, einschließlich der Geschlechtsorgane. Später wird auch das Erkunden des anderen Körpers interessant, was meist „Doktorspiele" genannt wird. Für Erwachsene besteht die Aufgabe und die Verantwortung, Grenzen zu setzen und zu schützen, wo Kinder dies noch nicht vermögen.

Grenzüberschreitungen

Aufgrund der kindlichen Abhängigkeit von Bezugspersonen ist es bedeutsam, dass Erwachsene zu einem feinfühligen Umgang fähig sind. Vernachlässigung einerseits sowie Gewalt und sexualisierte Gewalt andererseits negieren kindliche Bedürfnisse und beinhalten potenziell Beziehungstraumata.

Etwa neunzig Prozent der Kinder und Jugendlichen werden von Tätern missbraucht, die sie kennen, jedes zweite bis dritte wird Opfer einer Bindungsperson. Es gilt die Regel: Je früher Gewalt stattfand, je schwerer sie war hinsichtlich Intensität, Bedrohlichkeit, Nähe des Täters und je geringer die schützenden Faktoren, desto schwerer ist die spätere Symptomatik. Je jünger das Kind desto kürzer ist ja auch die zurückgelegte Wegstrecke guter Lebenserfahrungen und damit das Vorhandensein von Bewältigungsstrategien und Abwehrmechanismen.

Besonders irritierend und belastend ist, wenn diejenigen Erwachsenen, die Schutz und Fürsorge bieten sollten, zur Gefährdung werden, dann sind Kinder ganz sich selbst überlassen und können sich nicht an Vater oder Mutter wenden. So sind Kinder am meisten durch die Zerstörung von Sicherheit bietenden emotionalen Bindungen, Selbstwertkonzepten und inneren Leitbildern gefährdet.

Verletzungen können auf allen Ebenen stattfinden: körperlich, emotional, sexuell, spirituell. Grenzverletzung wird in den genannten Fällen meist als normal hingestellt, als etwas Gutes, Lustvolles; dem Kind wird suggeriert, dass es schön ist, es dies auch will und es genießt, z. B. wenn das Kind Körperreaktionen von Erregung zeigt. Kinder, die emotional unterversorgt sind, mit einer Sehnsucht nach Bindung, Nähe, Geborgenheit, Trost, sind besonders gefährdet.

Die Tragik setzt sich fort, wenn Kinder und Jugendliche kein Vertrauen haben können, dass sie ernst genommen werden. Sie können sich daher nicht anvertrauen und schweigen. Von Gewalt betroffene Kinder und Jugendliche befinden sich in einem Dilemma ambivalenter Gefühle: zwischen ausgenutzt und bevorzugt. Sie brauchen Schutz und geben Schutz. Sie fühlen sich klein und dann wieder überlegen.

Das Kind übernimmt die Schuld und die Verantwortung für das Geschehene, als „ich bin böse" und „ich habe etwas Böses gewollt". Elemente der traumatischen Beziehung werden verinnerlicht und werden von den Betroffenen als hoch beschämend erlebt. Fantasien und Impulse, die so erlebt werden, als ob der Täter weiterhin „untrennbar mit einem verbunden" sei, „von einem Macht und Besitz ergriffen" habe, man „mit ihm eins" geworden sei, können zu autoaggressivem und sadistischem Verhalten führen. Eine Erfahrung von „unwirklicher Wirklichkeit" „... es ist nicht wahr", „... es kann nicht sein", „Tag-Vater" und „Nacht-Vater" breitet sich im Kind aus.

Auswirkungen traumatisierender Kindheitserlebnisse auf das Erwachsenenalter

Die Missachtung des Rechts auf körperliche Unversehrtheit ist das größte gesundheitliche Problem in Deutschland. Etwa achtzig Prozent der Patienten mit Somatisierungsstörungen erlebten Misshandlungen in der Kindheit. Es gibt signifikante Zusammenhänge zwischen chronischen Schmerzsyndromen und Vernachlässigung und Misshandlung in der Kindheit (Egle, 2003). Es können Übelkeit, Erbrechen, Asthma, Kurzatmigkeit, chronische Muskelspannungen und Krämpfe sowie Bluthochdruck beobachtet werden.

Bahnbrechend war eine Studie von Felitti (1998), der in der ACE (= adverse childhood experience)-Studie beschreibt, dass Auswirkungen von vier und mehr frühen Stresserfahrungen ein 7,4fach erhöhtes Risiko für Alkoholabusus, 10,3fach erhöhtes Risiko für harte Drogen, für PTSD und ein 12,2fach höheres Selbstmordrisiko besteht. Eine weitere Studie an 1612 Kindern, die sexuell missbraucht registriert waren, zeigte, dass diese Menschen im Erwachsenenalter signifikant häufiger wegen schwerer Depressionen, Angststörungen und Persönlichkeitsstörungen in Psychiatrien aufgenommen und behandelt wurden (Spartaro et. al., 2004).

Das Risiko, später in Konfliktsituationen Gewalt anzuwenden, ist bei Kindern, die Gewalt erfuhren oder mit ansehen mussten, erhöht; das mag damit zusammenhängen, dass nur sechzehn Prozent sich die Verletzungen eingestehen, während vierundachtzig Prozent behaupten, es hätte ihnen nicht geschadet. Schätzungsweise vierundfünfzig Prozent der körperlich misshandelten Kinder entwickeln als Erwachsene narzisstische, antisoziale oder Borderline Persönlichkeitsstörungen.

Prävention

Wir müssen davon ausgehen, dass die schwerwiegendsten Traumatisierungen wie Vernachlässigung, Gewalt und sexualisierte Gewalt noch immer mehrheitlich in der Familie geschehen. Deshalb sind präventive Vorgehensweisen das Allerwichtigste. Therapeuten kommen eigentlich immer zu spät!

Was kann Kindern und Jugendlichen helfen, die schwerste Grenzüberschreitungen erlebt haben?

Je autonomer und sicherer Eltern sind, desto mehr Versorgung und Zärtlichkeit, aber auch Schutz können sie bieten. Eine genügend gute und fördernde familiäre Umwelt sind die Basis für alle Herausforderungen und Belastungen des Lebens. Eine liebevoll unterstützende Familie, in

Engelssymbolik als Möglichkeit heilsamer Imagination. (Tobias wird von einem Engel begleitet, Buch Tobit des AT, Gemälde von Tizian, ca. 1470-75, Nat. Gal. London)

der die Kinder über Sexualität aufgeklärt werden und in der bei klarer Grenzziehung zwischen den Generationen der Umgang mit Körperlichkeit offen und liberal ist, ist wünschenswert.

Es geht also darum, umfassend äußere Sicherheit herzustellen, stabile, verlässliche Beziehung anzubieten. Dies schafft als wichtige Schutzfaktoren Eingebundensein, Halt, Schutz und stellt kompensatorisch Ersatzbeziehungen zur Verfügung. Hier ist Beziehungsarbeit Grundlage und wichtigstes Agens von Veränderung. Nutzen von tiergestützter Therapie, wo Kontakt zu Menschen noch schwierig ist, ist inzwischen eine wichtige Form der Begleitung geworden. Des Weiteren, wenn der junge Mensch das bejahen kann, Einbindung in eine soziale Gemeinschaft, Peers, sowie Jugendgruppen.

Es geht darum, mit Akzeptanz und Achtung eigene Grenzen erfahren zu können, sowie finden und suchen dürfen, was gelingt und guttut, und wo gutes Berührtsein gemeinsam erlebt werden kann, wie z. B. Bewegung, Musik, kreatives Gestalten, Tanz. Es ist wichtig, dass es Raum gibt für Selbstermächtigung sowie dass Sinnhaftigkeit im Rahmen vieler guter Erfahrungen ermöglicht wird. Handlungsfähigkeit will in erfüllender Weise erfahren werden. Daraus ergibt sich ein Lernen, in vertrauenswürdiger Begleitung sich selbst zu verstehen und zu vertrauen.

Nicht zuletzt geht es auch um Imagination heiler Welten mit verlässlichen, zugewandten mitfühlenden Wesen innerhalb von Spiel und inneren Spielwelten. Hier kann das Kind Helferwesen, wie z. B. gute Feen, Schutzengel, oder was auch immer ihm zur Verfügung steht, in seiner inneren Welt aufsuchen und sich eine eigene Welt gestalten.

Begleitende sollten über Demut, Mitgefühl, Geduld und Wissen um Folgen sexueller Grenzüberschreitungen verfügen, damit Beziehungen halten können und Verhalten nach und nach in Kontexte eingeordnet werden kann. Denn erst auf der Grundlage stabiler Beziehungen im Jetzt und äußerer Sicherheit kann in guter Kooperation therapeutisch am dissoziativen Schutz gearbeitet werden. Das setzt voraus, dass Begleitende Dissoziation als Schutzmechanismus verstehen können.

Ein wichtiger Punkt ist, dass ohne ausreichenden Opferschutz nicht an dissoziativen Barrieren gearbeitet werden darf. Man würde das Kind, so lange es nicht in äußerer Sicherheit ist, gefährden. Die Versorgung „verletzter innerer Anteile" und Arbeit mit „verletzenden inneren Anteilen" nach der psychodynamisch imaginativen Traumatherapie kann der weiteren inneren Stabilisierung durch erweiterten Zugang zu Alltagsfähigkeiten und Fertigkeiten dienen.

So kann Traumatherapie eine gute Alltagsbewältigung und Bewältigung anstehender Entwicklungsaufgaben (z. B. Schule, Ausbildung) unterstützen. Das Ziel ist, Wohlbefinden im Alltag und im Leben zu haben. Therapie nur als gezielte Bearbeitung traumatischer Erfahrungen zu definieren, ist hoch problematisch. Denn wir behandeln Menschen und keine Traumata.

Therapie sollte in erster Linie der besseren Bewältigung anstehender Alltags- und Entwicklungsaufgaben dienen und um mehr Lebensqualität besorgt sein. Abschließend ist zu betonen, dass Traumabearbeitung nicht indiziert ist, so lange Täterkontakt besteht. Kinder in einer solchen Situation benötigen Erwachsene, die auf ihrer Seite sind. Und das ist nicht wenig!

Literatur

Egle, T. U. (2003). www.aerzteblatt.de/archiv/37285/Psychotherapie und Prävention. letzter Abruf 09.08.2019.

Felitti V.J., Anda R.F., Nordenberg D., Williamson D.F., Spitz A.M., Edwards V., Koss M.P., Mark S. (1998): *Relationship of childhood abuse and household dysfunction to many of the leading causes of death in adults. The adverse childhood experiences (ACE) Study.* American Journal Preventive Medicin 1998; 14; 245-258.

Johnson J.G., Cohen P., Brown J., Smailes E.M., Bernstein D.P. (1999): *Childhood maltreatment increases risk for personality disorders during early adulthood.* Arch Gen Psychiatry 1999a; 56; 600-606.

Montagu, A. (1975/2015). *Körperkontakt. Die Bedeutung der Haut für die Entwicklung des Menschen.* Stuttgart: Klett Cotta.

Reddemann, L. (2005). *Imagination als heilsame Kraft. Zur Behandlung von Traumafolgen mit ressourcenorientierten Verfahren.* Stuttgart: Klett.Cotta.

Reddemann, L. (2010). *Psychodynamisch Imaginative Traumatherapie: PITT - das Manual: ein resilienzorientierter Ansatz in der Psychotraumatologie.* Stuttgart : Klett-Cotta.

Spataro, J, Paul E. Mullen; PE, Philip M. Burgess , PM, Wells, DL (2000). *Impact of child sexual abuse on mental health: Prospective study in males and females.* The British Journal of Psychiatry. Volume 184, Issue 5 May 2004, pp. 416-421.

Luise Reddemann
Prof. Dr. med., Fachärztin für psychotherapeutische Medizin, Psychoanalytikerin (DPG, DGPT), Honorarprof. für Psychotraumatologie an der Universität Klagenfurt. Psychodynamisch Imaginative Traumatherapie.

Heilsame Berührungen zwischen Tier und Mensch

Monika Rafalski

Foto: Benevolente (Adobe Stock)

Eine erste Ahnung von der heilsamen Potenz in der Begegnung von Mensch und Tier bekam ich vor Jahren, als ein kleines armselig wirkendes Mädchen aus einem Kinderheim zur psychologischen Untersuchung ins Zimmer des Jugendamtes kam. Es eilte zu dem Stuhl, auf dem ein Stück weißen Hasenfells lag, und schmiegte jauchzend sein blasses Gesichtchen in das Fell. In dieser spontanen, überraschenden Szene schien etwas Archaisches auf von der liebevollen, Geborgenheit, Zugehörigkeit und Wärme vermittelnden Verbundenheit von Mensch und Tier – bzw. unserer Sehnsucht danach.

Angesichts der erschreckenden Naturzerstörung erscheint es mir essenziell, die heilsame Potenz zwischen Mensch und Tier zu realisieren mit ihren Wandlungsimpulsen für uns - als Gegenpol zu dem destruktiven Potenzial der Menschheit, vor dem wir Angst haben, und es gleichzeitig zu praktizieren.

Andreas Weber, Philosoph und Biologe, verdeutlicht diese ursprüngliche Verbundenheit, die ich an dem Kind erlebte, in seinem Buch: „Alles fühlt" (2007):

> Tiere und Pflanzen sind uns inniger verwandt, als wir uns lange träumen ließen. An ihnen erfahren wir zentrale Dimensionen unserer Gefühle, ohne die wir seelisch verkümmern müssten. Daraus ergibt sich die – auch politisch – brisante Erkenntnis: Nur wenn wir die Natur bewahren, werden wir langfristig unsere eigene Humanität und Freiheit retten können.

Dieses stellt er der sogenannten „exakten" Naturwissenschaft gegenüber, die Tiere als Objekte betrachtet und ihre Daten gewinnt, indem sie diese wie Maschinen manipuliert, um ihr „Funktionieren" zu erkennen.

Einschub

Anke Domberg, Tierärztin meines Pferdes, das sie seit Jahren betreut, nachdem andere veterinärmedizinische Maßnahmen versagten, dazu:

Nachdem sich mein Wunsch, Tierärztin zu werden, verwirklicht hatte, ging es mir nicht gut mit der Vorstellung, erst invasiv in einen Körper eingreifen zu müssen, um dadurch hoffentlich eine Heilung wieder hervorrufen zu können. Erst die Auseinandersetzung, das Kennenlernen und teilweise Integrieren von östlichen Heilweisen und anderen Naturheilverfahren bereiteten für mich den Weg zum ganzheitlichen Therapieansatz.

Fasziniert davon, wie sie durch ihre stille Konzentration auf das Pferd, die mir wie eine Versenkung in seine Welt vorkommt, und die leichte Berührung seines Körpers seine inneren und äußerlich sichtbaren Leiden „behandelt", bat ich sie, uns Einblick zu geben in ihre Arbeit:

Anke Domberg:

Die erste heilsame Berührung mit einem Patienten bedeutet für mich vor allem das Zuhören (Wahrnehmen) und das Annehmen des anderen Lebewesens, so wie es im Moment ist, ohne jegliche Wertung. Ihm achtsam begegnen, in der Form und Intensität, die es aushalten kann oder braucht. Die Wertschätzung seines Soseins und den Blick auf das gerichtet, was da ist und nicht nur auf das Fehlerhafte oder ein Symptom.

Ganz gleich, welche Therapieform zur Anwendung kommt, entscheidend für den Heilungsverlauf ist die Mitarbeit der Patienten. Therapeuten können Wege aufzeigen, begleiten und unterstützen. Jedoch entscheidet jedes Lebewesen selbst, in welcher Form und Intensität es die gegebenen Heilungsimpulse umsetzt.

Tief berührt durfte ich in manch einer Therapiesitzung erleben, wie dankbar manche Tiere waren, dass sie überhaupt gefragt wurden und selbst entscheiden konnten, ob sie diese Therapie durchgeführt haben wollten, oder nicht. Das alleine war ein überaus starker Heilungsimpuls. Zunächst schien mir das absurd, sind die

Tiere doch auf unsere Fürsorge angewiesen und schon durch die Haltungsbedingungen in vielen Aspekten ihrer Entscheidungsfreiheit beraubt und vom Menschen abhängig.

Beim ersten Kontakt zum Patienten versuche ich Informationen, die ich auf allen Ebenen mit allen Sinnen erfassen kann, zu empfangen. Das erleichtert die folgende Kommunikation und gibt wichtige Hinweise für das Heilpotenzial, welches jeder Patient mitbringt.

Unsere Hände können wahrnehmen, Emotionen ausdrücken und heilende Impulse senden. Hände können weiterhin Veränderungen auf der Körperoberfläche erspüren und Informationen zu lokalen Blockaden selbst aus der Tiefe empfangen.

Nicht jedes Tier möchte direkt und an jeder Körperstelle berührt werden. Das zeigen sie schnell und deutlich. Wenn ich mich darauf einlasse, sind sie sehr kooperativ und in ihrer Antwort eine wertvolle Hilfe für das weitere Vorgehen. Bleibt man von der Körperoberfläche einige Zentimeter entfernt, können die Informationen dennoch, wie bei einem Scanner, aufgefangen werden.

Besonders tief berührt hat mich die Geschichte einer alten Eselstute. Sie war durch Tierschützer von einem völlig überfüllten Transporter gerettet worden und in einer Auffangstation medizinisch versorgt und aufgepäppelt worden. Die Wundränder ihrer abgeschnittenen Ohren, sowie die Verätzungen auf ihrem Rücken waren ausgeheilt. Dennoch wirkte sie resigniert, depressiv und schien sich aufgegeben zu haben.

Sie erlaubte uns, mit ihr zu arbeiten, und setzte die gebotenen Heilungsimpulse schnell und intensiv um und entwickelte sich zu einer fröhlichen selbstbewussten Eselin, die ihr restliches Leben in vollen Zügen genoss. Trotz der schweren durch Menschenhand zugefügten Traumata konnte sie sich dem Menschen weiterhin oder wieder zuwenden, erneut anvertrauen und sogar verzeihen. Was für eine Großmütigkeit! Das hat mich tief beeindruckt und tief berührt. Dankbar und demütig denke ich oft an diese Begegnung mit diesem wunderbaren graupelzigen Wesen.

Doch nicht nur über die Hände kann ich andere Lebewesen berühren oder selbst berührt werden. Berühren kann man auch durch Präsenz, verschiedene Gedanken, die Stimme, über Worte und durch vieles mehr.

Vorsichtige Annäherung. Foto: Goldencow. Adobe Stockfoto

Miterleben zu dürfen, wie Anke D. im Sich-Ganz-heitlich-Verbinden mit „Hypi" dessen traumatische Engramme aus seiner Fohlenzeit auflöst, berührt mich immer wieder aufs Neue. Auch in mir wandelt sich etwas und hilft mir, das oft rätselhafte Verhalten des Pferdes beim Reiten besser zu verstehen und adäquater darauf zu antworten. Dadurch hat sich die Beziehung zwischen ihm und mir bemerkenswert verändert, sie ist „innig" geworden, was anfangs für mich eine ungewohnte Nähe bedeutete, sodass ich mich fragte, ob ich dem entsprechen kann.

Es ist mir bewusst geworden, wie tief verankert in uns ist, durch objektivierende Abwertung („das ist doch nur ein Tier") und konventionelle Erwartungen eine Barriere zwischen uns und die Tierwelt zu errichten.

Jenseits dieser Barriere wird die heilsame Wirkung von Tieren auf Menschen erfahrbar, immer schon durch Einzelne in Not, heute offiziell in der tiergestützten Therapie. Hier eröffnet sich ein „umwerfender" Blick auf das mitfühlende und hilfreiche Potenzial der Tiere.

Ich bat Angelika Rückel-Kast, uns Einblick in ihre gemeinsame Arbeit mit vierbeinigen Co-Therapeuten zu gewähren:

Ich erzähle von einer 19-jährigen Patientin, die durch schwere körperliche Übergriffe in Form von Schlägen und sexuellem Missbrauch durch

den Vater traumatisiert war. Das führte zu großem Misstrauen bei sozialen Kontakten und zu schweren Defiziten in ihrem Selbstwert.

Sie wünschte sich deshalb eine Ergänzung durch mehrere Stunden in pferdegestützter Psychotherapie. Die Hunde waren ihr zu sehr mit dem Raubtierhaften identifiziert, sodass die Wahl auf das Pferd fiel. Sie versuchte mit stark zitternden Händen, den Hals des Pferdes zu berühren. Sie tat das voller Angst und doch auch voller Hoffnung, sodass die zittrigen Hände das Pferd schmetterlingshaft leicht berührten.

Das mitzuerleben, hat mich sehr berührt. Beeindruckt hat mich auch die Reaktion des Pferdes, das ganz ruhig und aufmerksam dastand. Es schien fast so, als ob es die Patientin nicht erschrecken wollte während dieser äußert fragilen Annäherung. Gerade Menschen, deren Vertrauen in die Beziehung zu den frühen Bezugspersonen gestört wurde, suchen den berührenden Kontakt zu Tieren, die immer in den direkten, unverstellten Kontakt gehen.

So hatte ich einmal einen kleinen Patienten, dessen Schwerhörigkeit lange unentdeckt blieb, was viele Missverständnisse mit der frühen Umwelt brachte. Seine Reaktionen wirkten für die Außenwelt oft plump und grob, weil er nicht hören konnte, wenn jemand auf ihn zuging und Kontakt aufnehmen wollte. Er hatte zu Beginn der Therapie große Angst vor meinem Bernhardinerhund. Dieser schien ihm unbewusst die eigene unmodifizierte Kraft widerzuspiegeln, die ihm selbst und der Umwelt oft Angst machte. Es fehlte dem Jungen die Feinabstimmung mit der Außenwelt in den frühen Entwicklungsjahren.

Der Patient wollte jedoch den Hund in den Behandlungsstunden dabei haben, verlangte aber, dass dieser an einer langen Leine hing, die ihm, dem Patienten, ein hundefreies Areal garantierte. Der Junge begegnete dem Bernhardiner lange ebenfalls auf allen Vieren und schnüffelte sich immer näher an den Hund heran.

Dieser beobachtete das Kind aufmerksam, aber zurückhaltend. Das zog sich über Wochen hin, bis der Patient eines Tages mit der eigenen Nase die breite Nase des Bernhardiners sanft berührte. Der Hund verhielt sich in dieser Situation ganz still und aufmerksam.

Es war so ein magischer Moment, denn von da an baute sich die Beziehung zwischen den beiden so weit aus, dass der Hund sich frei bewegen durfte, ohne dass der Patient Angst bekam. Die feine Berührung mit der Nase hatte das Eis gebrochen....

Durch Berührungen kann ein heilsames Feld zwischen den Beteiligten entstehen. So habe ich zum Beispiel zusammen mit einer erwachsenen Patientin, die als Kind über Jahre von ihrem Vater sexuell missbraucht wurde, eine sehr bewegende Berührung mit dem Pferd erlebt.

Die Patientin reagierte bei körperlichen Kontakten und Berührungen, die sie sich eigentlich sehr wünschte, immer konfus und verwirrt. Als ich sie bat, sich mit mir zusammen dicht an mein Therapiepferd zu stellen und mit beiden Händen den Atem des Pferdes an dessen Körper zu ertasten, entstand ein Berührungsprozess, der fast zwanzig Minuten anhielt. Die Patientin sagte, es sei ein Moment gewesen, wie sie ihn noch nie erlebt habe. Sie habe sich mit dem Pferd und seinem Atem verbunden gefühlt, sie habe es wie ein tiefes Schwingen erlebt.

Von außen betrachtet, standen zwei Frauen ganz lange ganz nah bei einem Pferd, das ebenfalls völlig still stand. Alle drei erlebten die Situation in tiefer Verbundenheit. Wir wurden immer stiller, entspannter, aber auch auf eine schöne Weise immer mehr eins, was mich an frühe Kontakte zwischen Mutter und Kind erinnerte, sozusagen an die Feinabstimmung in der Gefühlsregulierung, die die Mutter dem Kind vor allem über Berührungen und ihre Stimmmelodie vermittelt.

Häufig wird die tiefe Beziehung z. B. zwischen Mensch und Pferd durch spektakuläre Aktionen und Gesten vermittelt. Ich erlebe diese Verbindung jedoch in eher diskreten Momenten der Berührung. So versichert mir mein Bernhardiner seine Verbundenheit im Alltag dadurch, dass er ganz kurz vorbei kommt und mich liebevoll ganz kurz mir der Zunge berührt. Eine Geste so ganz nebenbei und doch so zart und berührend innig.

Auch unter den Pferden selbst gibt es diese eher diskreten aber bedeutungsvollen Berührungen. Meine dreißigjährige Stute sucht z. B. den feinen Kontakt zu den anderen, indem sie meist nach einer Fressphase das andere Pferd ganz sanft für eine längere Zeit mit den Nüstern berührt. Dabei wirkt sie wie versunken in diesen Kontakt.

Monika Rafalski
Studium Psychologie, Philosophie, Psychoanalyse, Arbeit im Jugendamt, Weiterbildung zur Analytischen Psychotherapeutin. Seit 1992 in eigener Praxis Stuttgart, ab 1998 im ländlichen Raum. Dozentin, Supervisorin, Lehranalytikerin am C. G. Jung-Institut Stuttgart. Veröffentlichung u.a.: *Körper und Spiritualität* (In: Analytische Psychologie, H. 158,2009. S. 482 – 492)

Anke Domberg
Anke Domberg, Tierärztin. Seit 2001 eigene mobile Praxis, Schwerpunkt Naturheilverfahren, Tierkinesiologie, Akupunktur. Seit 2003 Ausbildungs- und Seminarleiterin für Tierärzte, Trainer und Tierhalter, Lehrauftrag Hochschule für Wirtschaft und Umwelt HWU, Nürtingen u.a.

Angelika Rückel-Kast
Analytische Kinder-und Jugendlichenpsychotherapeutin, zertifizierte Reittherapeutin, Kunsttherapeutin, Dozentin am Institut für Psychoanalyse Stuttgart e.V.

Waldatmen im Elm

Eine Verbindung von Waldbaden und Analytischer Psychologie

Selina Danisch

Foto: U. J. Alexander (Adobe Stock)

Nehmen Sie sich zu Beginn kurz die Zeit für folgende reflektive Fragen:

· Was verbinden Sie mit Wald und Natur?
· Welchen Bezug haben Sie dazu?
· Wie fühlen Sie sich im Wald?
· Welche Gedanken / Erinnerungen / Bilder etc. tauchen dazu auf?
· Welche Bedeutung hat der Wald für Sie?

Die Fragen dienten uns als Einstieg, bevor wir uns mit einer kleinen Gruppe auf den Weg in den Elm gemacht haben. Begleitet wurde die Gruppe von Im Joon und Burghart Büssing. Beide gehen jeden Sonntag in den Elm und begleiten ihre Teilnehmer und Teilnehmerinnen beim Waldbaden mit Übungen aus dem Qi Gong, sodass wir eine Gruppe von erfahrenen „Waldbadenden" waren und den ihnen bekannten Weg gegangen sind. Die Reflexionsfragen dienen dazu, unser eigenes Verhalten und unsere eigene Wahrnehmung im Wald sowie unsere Reaktion auf den Waldaufenthalt zu hinterfragen und bewusst zu machen.

Die positiven Wirkungen des Waldbadens können alle Teilnehmenden bestätigen. Doch was am Wald ist es, das diese Wirkungen hervorruft?

Grünkraft

Für Hildegard von Bingen war die Grünkraft eine heilige Kraft, die sie immer wieder gepriesen und mit ihrer Kräuterheilkunde konkret angewendet hat. Grün bedeutet für sie Leben, es wurzelt in der Erde, wächst in den Himmel und verbindet damit beides miteinander. Grün ist für Hildegard Ausgleich der Lebenskraft und Balance (Riedel, 1994). Grün gilt als wohltuend und entspannend, erfrischend und harmonisierend (Riedel, 1983, S. 101 ff.). Grün kann als Grundlage des Lebens und der Erneuerung gesehen werden.

Diese „Grünkraft" wird heute vielfach erforscht: Aus Japan kommend, in dem Shinrin Yoku eine lange Tradition hat, ist das Waldbaden nun auch nach Deutschland gekommen. In zahlreichen Studien konnte gezeigt werden, dass bei einem Aufenthalt im Wald

· die Anzahl der krebsvorbeugenden und Viren entfernenden Killerzellen in unserem Blut erhöht wird,
· das Stresshormon Cortison sinkt,
· das Risiko, an Herz-Kreislauf-Erkrankungen oder Diabetes zu erkranken, gesenkt wird (vgl. Arvay, 2017, S. 29 ff.).

Einen wichtigen Teil tragen die sekundären Pflanzenstoffe dazu bei: die sogenannten Terpene. Hierüber kommunizieren die Pflanzen, Bäume und Tiere miteinander. Auch wir nehmen bei einem Waldaufenthalt an dieser Kommunikation teil: Die Terpene reagieren auf unser Immunsystem und senden uns genau die Botenstoffe, die wir brauchen. So wird unser Immunsystem gestärkt, wir kommen zur Ruhe und können mit Hilfe des Waldes Stress abbauen.

Symbol Baum
Bevor wir uns tatsächlich auf den Weg gemacht haben, habe ich eine kleine „Baum-Mediation" vorgeschlagen. Der Baum kann ein Selbstbild sein, ein Symbol für unsere eigene Verwurzelung im kollektiven Unbewussten. Er symbolisiert unsere eigene Entwicklung ebenso wie unsere Verbundenheit mit der Natur. Die Übung selbst ist ebenso einfach wie wirkungsvoll:

· Stehen Sie mit beiden Füßen fest auf dem Boden. Stellen Sie sich vor, dass Sie Ihre Energie direkt über Ihre Füße aus der Erde aufnehmen – als hätten Sie Wurzeln.
· Lassen Sie Ihren Atem fließen: Von den Füßen – Ihren Rücken hinauf – bis in den Hals – hinauf in den Kopf – in die Arme – bis zu den Fingerspitzen – die Beine entlang – wieder zurück zu den Fußsohlen.

· Mit dem Einatmen nehmen Sie Energie auf und verteilen Sie überall dort in Ihrem Körper, wo Sie sie brauchen.
· Mit dem Ausatmen können Sie (Ver-)Spannungen, die Sie in Ihrem Körper wahrnehmen, an die Erde abgeben.
· Bleiben Sie einen Moment in diesem lebendigen Austausch zwischen sich und der Erde.
· Vielleicht haben Sie auch ein bestimmtes Bild von einem Baum im Kopf, mit dem Sie sich verbunden fühlen.
· Sie können sich fragen, wie Ihre Wurzeln beschaffen sind ... Wie Ihr Stand ist: fest oder flexibel.
· Lassen Sie sich Zeit und kommen Sie dann in Ihrem eigenen Tempo wieder im Hier und Jetzt an.
· Nehmen Sie Ihr Baum-Gefühl oder Baum-Bild mit auf den weiteren Weg.

Mit allen Sinnen auf dem Weg
Mit diesen ersten Inspirationen haben wir uns auf den Weg gemacht und dabei abseits des Weges geschaut, in uns hineingespürt und die Natur mit allen Sinnen wahrgenommen. Im Mittelpunkt steht die Frage, wie wir selbst in dem Wald sind – wie er auf uns wirkt, was wir wahrnehmen, welches (Körper-)Gefühl wir im Wald haben. Das regt dazu an, bewusster und achtsamer in der Natur zu sein – mit uns, aber auch mit anderen. Genau darum ging es auch in unserem Märchen an diesem Tag – dazu weiter unten mehr.

Auf dem ersten Abschnitt sind wir eine Zeit lang in Schweigen gegangen, was die eigene Wahrnehmung zusätzlich intensiviert und zu neuen Einsichten geführt hat. Es gab erstaunte und berührte Äußerungen darüber, wie viel aufmerksamer und achtsamer wir den Wald und uns selbst auf einmal wahrgenommen haben.

Angeregt durch die vielen neuen Gedanken entstehen tiefe Gespräche, die das eigene Verhalten und die individuelle Wahrnehmung in den Mittelpunkt rücken. Auch eine starke Verbindung mit den Rhythmen der Natur und unserem eigenen Leben konnte gut nachvollzogen werden, sodass wir uns auf unserem Weg tatsächlich mit der Natur verbunden fühlten: Gerüche traten stärker hervor, das Licht erschien strahlender, die eigene Körperwahrnehmung bekam eine tiefere Bedeutung.

Es war für alle spannend zu sehen, wie die äußere Anregung die innere Wahrnehmung verändert. Wir haben uns dabei von folgenden Fragen leiten lassen:

· Wie nehme ich das Ganze des Waldes wahr?
· dafür ein Bild/Symbol/Wort finden
· Wie ist mein Körpergefühl hier im Wald?
· Die Natur mit allen Sinnen wahrnehmen: spüren, sehen, hören, riechen: Was berührt mich besonders?
· Für welche Sinne bin ich besonders zugänglich?

Der innere Wald in der Aktiven Imagination

Um diese Erfahrungen zu stärken und in uns zu verankern, habe ich bei einem Zwischenstopp eine Imagination angeleitet: Der Wald in uns, den wir imaginativ auch immer wieder zu Hause abrufen können. Indem wir uns bewusst auf diesen Austausch einlassen und unsere inneren Bilder bzw. Imaginationen anwenden, können wir die Kraft des Waldes auf einer tieferen Ebene für uns nutzen.

Über die inneren Bilder, die Imagination, können wir den Wald direkt zu uns nach Hause holen. Der Wald als inneres Bild bietet uns einen Anker, einen Orientierungspunkt, den wir im Alltag bewusst aufsuchen können, um uns zu entspannen, zu regenerieren und neue Kräfte zu tanken. Somit stellt der Wald auch als inneres Bild eine Ressource dar, die wir nutzen können.

Die Aktive Imagination ist ein Hilfsmittel für den Weg nach Innen, regt als solches den Dialog zwischen unserem Bewusstsein und dem Unbewussten an und fördert damit die erweiterte Selbsterkenntnis. Aktiv meint: achtsam aufmerksam gegenüber dem imaginativen Geschehen sein. Wir müssen geduldig sein und somit die inneren Bilder fließen lassen, ohne sie steuern zu wollen.

In der Imagination können wir den inneren Wald mit allen Sinnen erkunden: Was sehen, hören, riechen, fühlen Sie? Gibt es Lebewesen, mit denen Sie in Kontakt treten können? Nehmen Sie sich ausreichend Zeit, um Ihren inneren Wald aktiv zu erkunden und auf Entdeckungstour zu gehen. Der Zugang zu den inneren Bildern fiel nicht allen leicht – es bedarf einiger Übung, um sich auf die eigene Innenwelt einzulassen. Doch je häufiger wir das versuchen,

desto besser klappt es irgendwann. Wenn wir unsere inneren Bilder verstehen wollen, ist es zunächst hilfreich, unsere eigenen Assoziationen dazu herauszufinden. Auch unsere Gefühle dabei sind wegweisend – so kann das gleiche Bild sowohl beruhigend als auch beängstigend wirken.

Um tiefer in eine Bedeutung einzutauchen, kann eine weitere Betrachtung hilfreich sein. Bei dem „Waldatmen" selber haben wir die Bilder zunächst wirken lassen und kurz besprochen. Im Vordergrund stand die Walderfahrung mit der Intention, diese zu verstärken und innerlich zu verankern sowie die Möglichkeit, die hieraus entstandenen inneren Bilder mit nach Hause zu nehmen.

Der Wald im Märchen

Als Abschluss lese ich ein Märchen vor. Im Märchen begeben sich die Heldfiguren oft in den Wald, müssen durch einen Wald hindurchgehen oder werden gar im Wald ausgesetzt. Durch diese Erfahrung wachsen und reifen sie, oftmals zeigen sich hier Helfer oder es kommen ihnen neue Ideen (die sie durch Zufall hören), sodass sie ihre ursprüngliche Aufgabe erfüllen können. Die Erfahrung im Märchen zeigt: Wenn wir mit einem Problem in den Wald gehen, erfahren wir dort Möglichkeiten, die zu neuen Lösungen führen, sei es durch unser aktives Zutun oder weil wir zur richtigen Zeit am richtigen Ort sind.

Auch wenn wir keine Märchenhelden oder Märchenheldinnen sind und uns unser Leben nicht gerade märchenhaft erscheint, so können wir doch einiges von ihnen lernen: bspw., die Hoffnung nicht vorschnell aufzugeben, die Erfahrung, dass auch wir ein Wagnis eingehen müssen, um vorwärtszukommen, dass es kreative Lösungen gibt, sofern wir offen dafür sind.

Der Wald steht für das Unbewusste, nicht umsonst führen viele Märchen ihre Helden und Heldinnen durch den Wald: Wir müssen erst uns selbst begegnen und unsere eigenen Hindernisse überwinden, bevor wir die Hindernisse des Lebens bewältigen können. Märchen können uns helfen, uns auf diese andere Sichtweise einzulassen. Die Märchenhelden und -heldinnen können uns ein Vorbild sein und gleichzeitig Trost und Zuversicht spenden: Sie geben uns die Gewissheit, dass es vor uns schon viele Menschen gab, die einen ähnlichen Weg gehen mussten. Sie haben es geschafft – also schaffe ich es auch! Im Märchen ist der Wald und vor allem der Baum sowohl ein Schutz und Rückzugsort als auch ein Ort der Gefahr. Es liegt an unserer Intention, mit der wir den Wald betreten.

Für unser Thema habe ich das Märchen *Die Töchter des Holzhauers* (Lutkat & Schultze, S. 76 ff.) gewählt: Zwei Töchter sollen ihrem Vater im Wald helfen und gehen dabei unterschiedlich mit den auftretenden Tieren um. Diejenige, die achtsam und freundlich mit ihnen ist, wird reich belohnt, während die andere, die sich rücksichtslos verhält, unter den negativen Konsequenzen ihres Verhaltens leiden muss.

Im Anschluss an das Märchen nehmen Sie sich einen Augenblick Zeit und spüren in sich hinein:

· Was von dem Märchen klingt in Ihnen an?
· Gibt es Analogien zu Ihrem eigenen
  Aufenthalt im Wald / im Leben?
· Welche Bilder steigen in Ihnen auf?
· Was ist am eindrücklichs-
  ten haften geblieben?
· Was hat Sie am meisten berührt?
· Womit konnten Sie sich identifizieren?
· Wo haben Sie sich verstanden gefühlt?
· Was hat Sie empört?

Die Märchenreflexion hat eine intensive Diskussion darüber angeregt, welche Verantwortung jeder Einzelne für unsere Umwelt übernehmen kann.

Wie kann es weiter gehen?

Für alle war die Verbindung von der Analytischen Psychologie und dem Waldbaden eine inspirierende neue Erfahrung, die noch weiter im Alltag wirkt. Für den Transfer in den Alltag können wir uns folgende Fragen stellen:

· Was nehme ich heute mit?
· Was davon kann ich in mei-
  nen Alltag integrieren?
· Konnte ich neue wAnregungen für
  Probleme im Alltag gewinnen?
· Habe ich eine neue Perspektive für
  mich und mein Leben gewonnen?
· Was hat die Hinzunahme der unbe-
  wussten Ebene bei Ihnen bewirkt?
· Mit welcher Energie gehen
  Sie jetzt nach Hause.

Ein längerer Waldaufenthalt ist wie ein Kurzurlaub. Wir fühlen uns erfrischt, energetisiert und mit neuer Tatkraft erfüllt. Um diese positiven Wirkungen noch beizubehalten, hat es sich bewährt, wenn wir auch in unserem alltäglichen Leben kleine Momente der Ruhe einlegen, indem wir uns die positive Walderfahrung in Erinnerung rufen können. Am besten können Sie diese verankern, wenn Sie sie auch körperlich spüren. Wenn Sie auf allen Ebenen das Walderleben erinnern, wird es für Sie wieder realer.

Umgekehrt können wir dem Wald natürlich immer etwas zurückgeben und so auch ihm nutzen: indem wir uns achtsam in ihm bewegen, nichts mutwillig zerstören, ihn weder ausbeuten noch unseren Müll hier abladen und auch andere Menschen für einen bewussten Umgang mit unseren Wäldern sensibilisieren. Je mehr wir von und in dem Wald lernen, desto mehr wollen wir ihm dafür zurückgeben. Das können wir durch unser Vorbild. Genau das hat unser Märchen uns vermittelt und anschaulich in uns allen hervorgebracht: den Wunsch, Verantwortung zu übernehmen und sich für die Natur einzusetzen.

Literatur

Arvay, Clemens G. (2017). *Der Biophilia-Effekt*. Wien: Ullrich.

Lutkat, S. & Schultze, W. (Hrsg.) (2018). *Märchen von Bäumen*. Krummwisch: Königsfurt-Urania.

Riedel, I. (1983). *Farben*. Stuttgart: Kreuz.

Riedel, I. (1994). *Hildegard von Bingen*. Stuttgart: Kreuz.

Selina Danisch
Heilpraktikerin für Psychotherapie in eigener Praxis, Dozentin in der Erwachsenenbildung tätig.
www.psychotherapie-danisch.de
kontakt@psychotherapie-danisch.de

Die Präzision der Poesie und die Kreation der Forschung

Ein Plädoyer für Romantik in der Wissenschaft

Ernst Peter Fischer

Präzision kann gefährlich werden. Diese Erfahrung haben zum Beispiel die Naturforscher in den Zeiten vor Charles Darwin gemacht, die noch Naturtheologen hießen und bei der Suche nach einem Verständnis des Naturgeschehens vor allem an Gottes Herrlichkeit dachten. Eine ihrer Fragen lautete, wann Gott die Welt geschaffen haben könnte, und erste Analysen deuteten auf das Jahr 4004 vor Christus hin. Dies klingt zwar beim ersten Hören noch ziemlich gut, stellt dann aber eine Herausforderung an die wissenschaftliche Neugier dar, die jetzt Monat, Tag und zuletzt sogar die Stunde wissen will. Der Philosoph Hans Blumenberg hat berichtet, dass in Darwins Schiffsbibel etwas vom 28. Oktober um neun Uhr morgens die Rede war, woraus der große englische Naturforscher nur einen Schluss ziehen konnte, nämlich den, dass die ganze Methode der Naturtheologie Unfug war und sich selbst ad absurdum geführt hatte. Der Ursprung der Welt musste jetzt von anderen Disziplinen erkundet werden.

Das Geheimnis des Lichts

Wie gesagt: Präzision kann gefährlich werden. Diese Erfahrung wiederholte sich am Beginn des 20. Jahrhunderts, als es Albert Einstein zum einen gelang, die Wechselwirkung zwischen Licht und Materie in allen Feinheiten zu verstehen, und als er zum zweiten ein Verfahren angeben konnte, bei dem sich die Zahl der Atome mit letzter Genauigkeit ermitteln ließ. In beiden Fällen hatte der physikalische Erfolg höchst merkwürdige philosophische Konsequenzen.

Was das Licht angeht, so musste Einstein seinen Kollegen mitteilen, dass ihre über Jahrhunderte gewachsene Überzeugung, dabei handele es sich ausschließlich um eine Wellenbewegung, unhaltbar war und das Licht sich auch als Partikel – als Photon – bemerkbar machen konnte.

Und was die Atome anging, so begann mit Einsteins zählendem Zugriff von 1905 die Umwälzung der Physik, an deren Ende sich herausstellte, dass die Atome alles mögliche waren, nur nicht die Sorte Dinge, die sich selbst Einstein noch vorgestellt hatte, als er ausrechnete, wie viele es von ihnen in einem gegebenen Volumen gibt. Auch die Atome – so wurde im Verlauf der nächsten Jahrzehnte klar – können sowohl als Welle als auch als Teilchen in Erscheinung treten.

Doch während diese beiden Tatbestände als Dualität von Licht und Materie ganz locker im physikalischen Unterricht und in den Universitätsvorlesungen verkündet werden, übersieht man ihre eigentliche philosophische Brisanz. Denn immerhin haben Einstein und seine Kollegen die ersten naturwissenschaftlichen Fragen entdeckt, die keine eindeutige und klare Antwort haben, und diese Fragen lauten „Was ist Licht?" und „Was ist ein Atom?" oder allgemeiner, „Was ist Materie?"

Vielleicht sollte man den Sachverhalt etwas anders ausdrücken, um sie an Darwins Erlebnis anzuschließen: Die konsequente Anwendung der klassischen Physik zur präziser werdenden Erfassung ihrer Objekte hat vor rund einhundert Jahren dazu geführt, dass sich diese Forschung in eine Sackgasse manövrierte, aus der sie sich nur mit dem nachfolgenden berühmten Quantensprung befreien konnte, auch wenn sie den anfangs aus Verzweiflung unternommen hat.

Dabei ist eine neue Wissenschaft entstanden – die Quantenmechanik –, deren Besonderheit einem ihrer Väter, dem großen Dänen Niels Bohr, zufolge in der Erfahrung steckt, dass man mit ihrer Hilfe zwar noch herausfinden kann, wie

Werner Heisenberg
1901 - 1976

Niels Bohr
1885 - 1962

Albert Einstein
1879 - 1955

Charles Darwin
1809 - 1882

Novalis
1772 - 1801

Atome sind, dass man aber zugleich nicht mehr in der Lage ist, mit einfachen Worten zu sagen, wie Atome sind.

Bohr zufolge lassen sich die Abläufe auf der atomaren Bühne nur in Bildern und Gleichnissen schildern, wobei es zu seinen Grundüberzeugungen gehörte, dass Poesie präzise sein kann. Den berühmten Satz seines Zeitgenossen Rainer Maria Rilke – *Er war ein Dichter und haßte das Ungefähre* – kannte Bohr ebenso wie sein bester Schüler, der geniale Werner Heisenberg, der in seinen Überlegungen *Ordnung der Wirklichkeit* versucht, *die Frage, wie denn die Wirklichkeit eigentlich sei* ohne die neue Mathematik der Quantenmechanik und mehr mit dem Herzen zu beantworten und dabei Zuflucht zu einem Märchen nimmt, in dem die Frage gestellt wird, *Wie lange dauert denn die Ewigkeit?*

Die poetische Antwort Heisenbergs darauf lautet: *Am Ende der Welt steht ein Berg, ganz aus Diamant, und alle hundert Jahre fliegt ein Vögelchen dorthin und wetzt seinen Schnabel, und wenn der ganze Berg abgetragen ist, dann wird erst eine Sekunde der Ewigkeit vergangen sein.* Und die Wirklichkeit kann verstehen, wer sich von ihr berühren lässt und deshalb das Geheimnis fühlt, das in den Dingen steckt.

Wer an dieser Stelle den Einwand erhebt, dass dies sehr mysteriös klingt, den kann man auf Bohrs Ansicht hinweisen, dass die Wahrheit doch nur so ausgedrückt werden kann, dass sie ihr Geheimnis behält. Wie soll sie uns auch anders locken? Bohr hatte dabei keine banalen „Wahrheiten" wie „Es ist Herbst" im Sinn. Er dachte vielmehr an „tiefe" Wahrheiten, wie sie etwa in einem Bekenntnis zu Gott stecken. „Gott existiert" ist eine solche Wahrheit, weil der Satz zum einen höchst unklar bleibt und weil sein Gegenteil ebenso wahr ist.

Die Lektion der Atome

Was gerade geschildert wurde, hat Bohr gerne *die Lektion der Atome* genannt, wobei wir an dieser Stelle konkreter werden und fragen wollen, ob sie Auswirkungen für die Geschichte der modernen Wissenschaft haben kann. Wenn wir bei dem Aspekt des Zählens bleiben, lässt sich feststellen, dass es heute die Gene sind, die man so präzise zu quantifizieren versucht wie vor einhundert Jahren die Atome.

Und könnte es nicht sein, dass es bald auch eine analoge „Lektion der Gene" in dem Sinne gibt, dass in dem Augenblick, in dem die Biologen unserer Tage – etwa im Gefolge der zahlreichen Genomprojekte – genau festlegen wie viele Gene ein Mensch (oder eine Mücke) hat, das Objekt ihrer Begierde als anschauliches Ding ebenso verschwindet, wie es die Atome getan haben? Wenn selbst die Fragen „Was ist ein Atom?" oder „Was ist Materie?" ohne eindeutige Antwort aus der Wissenschaft bleiben, wie kann man dann erwarten, dass die doch komplizierteren Fragen „Was ist ein Gen?" oder „Was ist Leben?" präzise und punktgenau geklärt werden können?

Natürlich wird es mit den immer raffinierteren und einzelne molekulare Ereignisse erfassenden Methoden der heutigen genetischen Wissenschaften nicht nur möglich werden, mit höchster Genauigkeit zu sagen, wie viele Bausteine (Nukleotide) das Genom einer einzelnen menschlichen Zelle umfasst. Man wird sogar angeben können, in welcher Reihenfolge die Milliarden Moleküle angelegt und vorhanden sind. Aber kann man dann sagen, was ein Gen ist? Weiß man dann, wie viele Gene es braucht, um einen Menschen zur Welt zu bringen?

Wer Gene verstehen will, kann nicht nur auf das Geschehen in einer einzelnen Zelle starren. Gene sorgen nicht nur mit ihren Produkten für den dort nötigen Stoffwechsel, und sie koordinieren auch nicht nur unsere Entwicklung vom befruchteten Ei zum ausgewachsenen Baby. Gene haben darüber hinaus eine lange evolutionäre Geschichte und in diesem Zusammenhang zunächst einmal dafür gesorgt, dass unsere Art überhaupt möglich wurde.

Gene müssen also etwas sein, das zugleich ist und werden kann, und es ist anzunehmen, dass es die vielen unbenutzten und scheinbar überflüssigen Bausteine eines Genoms – oft als Schrott („junk") tituliert – sind, die diese Dynamik erlauben. Gene haben also einen ähnlich doppelten Charakter wie die Atome, und man kann diese Dopplung sogar noch doppeln. Denn Gene stammen aus der Natur und bringen sie zugleich hervor.

Gene sind – mit einem Begriffspaar der Romantik – natura naturans (machende Natur) und natura naturata (gemachte Natur) zugleich, wobei ihr „eins und doppelt" sein unmittelbar an der Doppelhelix erkennbar wird.

Romantisches in der Wissenschaft

Mit dem Stichwort „Romantik" ist der Schlüssel zur Lösung der offenen Fragen in der Wissenschaft gefallen, denn die Vertreter der im Anschluss an die Aufklärung unter dieser oft mißverstandenen Bezeichnung entwickelte Einstellung des Denkens haben als erste versucht, zwei Arten von Fragen zu unterscheiden. Während die Aufklärung noch annahm, es gäbe nur Tatsachenfragen, die sich irgendwann durch geeignete Informationen – heute aus dem Internet – präzise und eindeutig beantworten lassen, erkannten die Romantiker, dass es daneben immer auch Wertfragen gibt, die ohne solch eine Festlegung bleiben.

Die Romantiker hatten dabei Fragen nach der Lebensführung im Auge: „Soll ich an Gott glauben?" „Soll ich gehorsam sein?" Sie erkannten dabei, dass Werte nicht in der Natur gefunden, sondern geschaffen werden, und zwar durch den Menschen selbst, der zwar aus der Natur stammt, aber seine eigene Natur selbst erfindet.

Der Romantiker erlebt die Natur doppelt, als etwas, das ihn in einem biologischen Prozess hervorbringt, und als etwas, dem er in einem künstlerischen Prozess Form verleiht. Die eigentliche Sensation der wissenschaftlichen Revolution, die mit Einstein, Bohr und Co. in die Gänge kam, besteht nun darin, dass die romantische Idee nicht nur bei moralisch-ethischen, sondern bereits bei materiellen Fragen eine Rolle spielt, wenn ich nur genau genug hinschauen kann und will.

Die Physiker erkannten zum Beispiel, dass die Bahn eines Elektrons in einem Atom erst dadurch zustande kommt, dass Menschen sie beobachten. Mit anderen Worten, wir kreieren die Natur, aus der wir stammen – ganz wie die Romantiker gesagt haben. Wir erfinden auch die Gene, die uns hervorbringen, was heißt, wir entwerfen so lange Modelle von ihnen, bis sie uns gefallen. In der Präzision der Modelle sehen wir dann unsere Kreation, also uns selbst. Was könnte uns auch mehr interessieren? Und könnte es nicht sein, dass es dieser Weg ist, der neben dem Hirn auch ihr Herz erreicht und damit den ganzen Menschen?

Die Definition des Novalis

Wer sich erst einmal mit dem Gedanken vertraut gemacht hat, dass die Werke der Wissenschaft wie die der Kunst etwas anderes als die Natur sind, die sie darstellen, wer also akzeptiert, dass Menschen die Natur verstehen, indem sie ihr eine Form geben, könnte insgesamt auf die Idee kommen, dass sich in der Wissenschaft nicht nur das Gedankengut der Aufklärung, sondern gleichberechtigt das der Romantik zeigt.

Man kann das prüfen, wenn man sich den Satz des Novalis vornimmt, der oft als „die beste Definition des Romantischen" bezeichnet worden ist. Bei Novalis heißt es:

Indem ich dem Gemeinen einen hohen Sinn, dem Gewöhnlichen ein geheimnisvolles Ansehen, dem Bekannten die Würde des Unbekannten, dem Endlichen einen unendlichen Schein gebe, romantisiere ich es.

Mit dieser Festlegung lässt sich zeigen, dass es gerade die Naturwissenschaften sind, die die Welt romantisieren, zu Beispiel, wenn es der Physik gelingt, *dem Bekannten die Würde des Unbekannten* zu geben. Es mag zwar überraschend klingen, aber genau darin besteht ein wesentlicher Aspekt des Unternehmens, das wir als Naturwissenschaft kennen.

Naturwissenschaftler erklären das, wie sie sehen – das Bekannte –, durch das, was sie nicht sehen – das Unbekannte. Das (sichtbare) Fallen eines Steines etwa wird seit Isaak Newton durch die (unsichtbare) Gravitation erklärt, die von Massen ausgeht, und das (sichtbare) Ausrichten einer Kompassnadel kann auf das (unsichtbare) Magnetfeld der Erde zurückgeführt werden. Das Bekannte – das Fallen und das Drehen – bekommt sogar die Würde des Unbekannten, denn wie das Schwerefeld der Erde die Gravitationskraft zustande bringt und wie unser rotierender Planet zu seinem Magnetfeld kommt, bleibt der Forschung so verborgen wie am ersten Tag, auch wenn die fraglichen Phänomene quantitativ vollkommen beherrscht werden.

Eine weitere Forderung von Novalis lässt sich ebenso leicht mit naturwissenschaftlichen Erfahrungen erfüllen, nachdem Albert Einstein 1905 zeigen konnte, dass Licht sowohl als Welle als auch als Teilchen in Erscheinung treten kann. Zwar nimmt die Gegenwart diese Einsicht ohne Aufregung zur Kenntnis und zähmt sie mit dem Wort von der Dualität des Lichtes. Für Einstein brach damals aber das ganze Gebäude der Physik zusammen, schließlich hatte er nicht das Licht erklärt, sondern erklärt, dass sich Licht nicht erklären lässt. Denn wenn etwas Welle und Teilchen zugleich sein kann, dann kann man zwar alles Mögliche darüber herausfinden – beim Licht die Wellenlänge, die Geschwindigkeit, die Polarisation und vieles mehr –, man kann nur nicht mehr sagen, was es eigentlich ist.

Mit anderen Worten, Einstein hat „dem Gewöhnlichen" – dem Licht des Tages – „ein geheimnisvolles Ansehen" gegeben. Er hat gezeigt, dass Licht bei aller wissenschaftlichen Durchleuchtung ein Geheimnis bleibt. Und wenn ihn das zunächst auch verwirrt und geärgert hat, so hat er zuletzt doch mit dieser Romantisierung seinen Frieden gemacht, indem er sagte:

Das Schönste, was wir erleben können, ist das Geheimnisvolle. Es ist das Grundgefühl, das an der Wiege von wahrer Wissenschaft und Kunst steht.

Und wem muss man eigens sagen, dass das Leben der Menschen darin besteht, mit den Produkten beider kreativer Lager in Berührung zu kommen?

Der unendliche Schein und der hohe Sinn
Die Forderung des Novalis, *dem Endlichen einen unendlichen Schein* zu geben, kann erfüllt werden, die Theorie der Physik, die den langen Namen Quantenelektrodynamik trägt, auf die Reflexion von Licht angewendet wird, was hier aber nur erwähnt werden kann. Damit rückt zuletzt die erste Forderung in den Blickpunkt, weil es um den schwierigen Begriff des Sinns geht, den die Naturforschung gerne meidet.

Für einen Naturforscher ergibt es nur einen Sinn, über den Sinn zu sprechen, wenn das Ganze bekannt und verstanden ist, dem man seine Aufmerksamkeit widmet. Wer von Sinn spricht, stellt eine Verbindung her zwischen der Sache, um deren Sinn es geht, und der Absicht, sie herzustellen. Das klingt zwar leicht, macht einem Naturwissenschaftler aber Sorgen, weil er nicht sicher ist, die Sache so ganz und gut zu kennen, wie es sein sollte.

Man kann aber immer einmal annehmen, dass dies gelungen ist, zum Beispiel, wenn man als Historiker die Wissenschaft selbst betrachtet und dabei nicht nur ihre Leistungsfähigkeit, sondern auch ihren Sinn erkennt.

Die Naturwissenschaften sind in ihrer modernen Form im 17. Jahrhundert aufgekommen, und die Absicht ihrer Vertreter bestand darin, die Lebensbedingungen der menschlichen Existenz zu erleichtern. So lässt es Brecht seinen Helden im *Leben des Galilei* sagen.

Und so dachten viele der damaligen Wegbereiter der Wissenschaft von Francis Bacon über Johannes Kepler bis zu René Descartes. Konkret beschäftigt waren die Herren mit gemeinen Dingen – Glas schleifen, Erbsen zählen, Berechnungen anstellen, Volumen messen, Entfernungen bestimmen –, tatsächlich geschaffen haben sie etwas Sinnvolles, nämlich die westliche Wissenschaft, die Europa auf seinem Sonderweg zu dem Wohlstand gebracht hat, den Menschen gerne genießen, ohne sich zu bedanken.

Die Wissenschaft betrifft und berührt sie jeden Tag. Sie wird sich bedanken, wenn man sein Herz für sie öffnet.

Ernst Peter Fischer
geboren 1947 in Wuppertal, Professor für Wissenschaftsgeschichte an der Universität in Heidelberg; wissenschaftlicher Berater der Stiftung Forum für Verantwortung, Buchautor und Publizist.

Berührungsformen – Darstellungen in der Literatur

Irene Berkenbusch-Erbe

Literatur kann uns als Leserinnen und Leser auf unterschiedliche Weise berühren. Aber auch die in Romanen, Erzählungen oder Gedichten erscheinenden Personen sind von Berührung oder Berührtwerden bewegt, ausgelöst durch Bilder, Sprache oder Erfahrungen. Wie sich das gestalten kann, sollen drei verschiedene Beispiele zeigen.

1. Seelenverwandtschaft als Berührungserfahrung

Was ist eigentlich Seelenverwandtschaft? Was erleben zwei Menschen, wenn sie sich seelenverwandt fühlen? Diese Frage tauchte kürzlich in einer Therapiesitzung auf. Es geht dabei um das Berührtwerden zweier Seelen durch dasselbe Objekt in einem unvorhergesehenen Augenblick. Es ist ein Ausdruck tiefer Verbundenheit, die sich plötzlich oder auch in einer dauerhaften Beziehung erleben lässt.

Ein Blick in die Literatur veranschaulicht an einem Beispiel, wie das Berührtwerden von einem Naturschauspiel bei zwei Menschen die Erfahrung von Seelenverwandtschaft auslösen kann, ohne dass dieser Begriff genannt wird.

Der Briefroman Goethes *Die Leiden des jungen Werther* (1774) lässt uns eine Szene miterleben, wie zwei Menschen ihre Seelenverwandtschaft erfahren. Werther und Lotte, die einander in starker Sympathie zugetan sind, mehr ist nicht möglich, da Lotte verlobt ist, stehen am Abend eines rauschenden Frühlingsballs am Fenster, um das Naturschauspiel eines abklingenden Gewitters an sich vorüberziehen zu lassen. Beide sind von dem Augenblick gemeinsamen Erlebens ergriffen, bis Lotte, indem sie Werthers Hand nimmt, den Namen Klopstock erwähnt.

Lotte und Werther „Sie spielte auf ihrem Klavier" (wikimedia.org)

Dass er ihre „Losung" sofort versteht, ist für ihn ein Zeichen, dass sich in diesem Augenblick gleichsam ihre Seelen berühren, beide empfinden eine tiefe Übereinstimmung in ihrer Persönlichkeit. Das zeigt auch, dass sie sich in Sachen Literatur auf ein Stichwort hin sofort verstehen. Werthers Zuneigung für Lotte verfestigt sich von diesem Augenblick an umso mehr.

Es geht um Klopstocks Ode "Die Frühlingsfeier" (1759), in der in feierlicher, emotional bewegter Sprache von einem Gewitter gesprochen wird und davon, was in der Seele des ergriffe-

Hilde Domin

Ziehende Landschaft

Man muß weggehen können
und doch sein wie ein Baum:
als bliebe die Wurzel im Boden,
als zöge die Landschaft und wir ständen fest.

FISCHER

Buchrückseite des Gedichtbandes „Nur eine Rose als Stütze", Fischer-TB

nen Dichters in diesem Moment vorgeht. Es ist die Erfahrung des Numinosen, das sich in der Schöpfung und in Naturgewalten manifestiert und das Lotte im Moment am Fenster nachempfindet, sodass sie den Namen "Klopstock" ausspricht. Beide, sie und Werther, spüren und erkennen unmittelbar eine tiefe Gemeinsamkeit:

> Wir traten ans Fenster. Es donnerte abseitwärts, und der herrliche Regen säuselte auf das Land, und der erquickendste Wohlgeruch stieg in aller Fülle einer warmen Luft zu uns auf. Sie stand auf ihrem Ellenbogen gestützt, ihr Blick durchdrang die Gegend; sie sah gen Himmel und auf mich, ich sah ihr Auge tränenvoll, sie legte ihre Hand auf die meinige und sagte: "Klopstock!" – Ich erinnerte mich sogleich der herrlichen Ode, die ihr in Gedanken lag, und versank in dem Strome von Empfindungen, den sie in dieser Losung über mich ausgoß. Ich ertrug's nicht, neigte mich auf ihre Hand und küßte sie unter den wonnevollsten Tränen. Und sah nach ihrem Auge wieder. (Goethe, 1774, S. 27).

Die Berührung durch das Naturschauspiel setzt sich den beiden Beteiligten ins Seelische fort und bewirkt eine starke emotionale Berührung zwischen ihnen. Sie finden sich in ein- und demselben Naturgefühl, das von den Schönheiten einer Landschaft berührt wird. Die seelische Übereinstimmung mit dem, was in der Dichtung erlebt und dargestellt wird, empfinden beide gleichzeitig stark, was sie existenziell miteinander verbindet.

Später bedeutet dies für Werther einen überzeugenden Beweis dafür, dass Lotte mit ihm glücklicher geworden wäre als mit Albert, ihrem zu realitätsbezogenen, pragmatischen Verlobten. Denn bei der Stelle eines Buches (Klopstock) treffen die Herzen in e i n e m zusammen. (Werther, S. 75,25 ff.)

Dass das einfache Nennen eines Dichternamens Ausdruck für die Seelenlage beider Beteiligter und deren wechselseitiger Resonanz sein konnte, war nur möglich, weil unbewusst eine ähnliche Geisteshaltung vorlag, sodass sie sich in ihrer Empfindung für Klopstocks Ode und somit für die Kunst treffen. Das Erlebnis einer solchen Seelenverwandtschaft ist wunderbar, erweist sich aber im Falle Werthers und Lottes als ambivalent, da es für die Zukunft keinen gemeinsamen Weg geben wird. Und dass Seelenverwandtschaft keine Garantie für eine dauerhafte Verbindung sein muss, ist sicher eine zeitlose, manchmal schmerzliche Erfahrung, wenn auch schon der Augenblick seelischer Nähe und Berührung als glücklich erlebt werden kann.

2. Existenzielles Berührtwerden durch Sprache
Von solch einem Berührtwerden spricht ein Gedicht von Hilde Domin mit dem Titel *Unaufhaltsam*. In dem Gedicht, entstanden 1962, geht es darum, wie verletzend Worte sein können, deren Wirkung auch nachträglich nicht zurückgenommen oder gemildert werden kann. Das Wort hat den anderen tief getroffen, es ist gerade eben vielleicht gewollt oder ungewollt ausgesprochen worden und der Sprecher merkt, welchen Schaden dieses Wort anrichten kann.

Das Gedicht zeigt, wie Worte auch bleibend eine zerstörende, unaufhaltsame Wirkungskraft beispielsweise in einer Beziehung hervorbringen können. Auch Selbstvertrauen und Vertrauen in das Leben können durch unvergessene, in frühem Alter vernommene verletzende Worte zerstört werden.

Unaufhaltsam

Das eigene Wort,
wer holt es zurück,
das lebendige,
eben noch ungesprochene
Wort?

Wo das Wort vorbeifliegt,
verdorren die Graser,
werden die Blatter gelb,
fällt Schnee.
Ein Vogel käme dir wieder.
Nicht dein Wort,
das eben noch ungesagte,
in deinen Mund.
Du schickst andere Worte hintendrein,
Worte mit bunten, weichen Federn.
Das Wort ist schneller,
das schwarze Wort.
Es kommt immer an,
es hört nicht auf
anzukommen.
Besser ein Messer als ein Wort.
Ein Messer kann stumpf sein.
Ein Messer trifft oft
am Herzen vorbei.
Nicht das Wort.

Am Ende ist das Wort,
immer
am Ende
das Wort.

Martin Buber (wikimedia.org)

Im Gegensatz zu einem Vogel lassen sich die ausgesprochenen Gedanken nicht wieder einfangen oder kehren gar in deinen Mund zurück. Eindrucksvoll beschreibt das Gedicht mithilfe der Personifizierung die Macht des „schwarzen" Wortes, das tief in den Körper eindringt und unheilbare Wunden im Herzen und in der Seele zurücklässt. Nicht einmal ein Messer ist so grausam wie es Worte sein können, Worte, die ein Leben vergiften und meist irgendwann später zu Hass führen.

Das gilt für das persönliche Leben des Einzelnen, kann aber auch gesellschaftlich-politisch verstanden werden, gerade unter Betrachtung der Biografie Hilde Domins. Sie musste als Jüdin in der Nazizeit erleben, wie mithilfe von Worten Menschen und ihre Gedanken manipuliert wurden. Aber gerade auch heute in den Zeiten der sozialen Medien ist das Gedicht von Hilde Domin hoch aktuell. Somit appelliert es an das Verantwortungsbewusstsein des heutigen Menschen, sich der unaufhaltsamen Wirkung und unmittelbaren Berührung auch der eigenen Worte bewusst zu sein.

Ganz anders, nämlich heilsam, kann die Wirkung des Wortes auf den Menschen erfahren werden.

So schildert eine Erzählung von Martin Buber aus den Erzählungen der Chassidim beeindruckend die heilende Wirkung der Sprache:

Man bat einen Rabbi, dessen Großvater ein Schüler des Baalschem gewesen war, eine Geschichte zu erzählen. – Eine Geschichte, sagte er, soll man so erzählen, dass sie selber Hilfe sei: 'Mein Großvater war lahm. Einmal bat man ihn, eine Geschichte von seinem Lehrer zu erzählen. Da erzählte er, wie der heilige Baalschem beim Beten zu hüpfen und zu tanzen pflegte. Mein Großvater stand und erzählte, und die Erzählung riß ihn so hin, dass er hüpfend und tanzend zeigen musste, wie der Meister es gemacht hatte. Von der Stunde an war er geheilt. So soll man Geschichten erzählen.' (Buber, 1949, S. 6)

Bubers Erzählung führt – in legendenhafter Form – eindrucksvoll vor Augen, wie die Berührung durch Worte wirken kann. So stark kann dies sein, dass ein Mensch unmittelbar eine Bewegung von innen erfährt und dadurch gesund wird. Dazu tut er aber selbst etwas. Er lässt sich von den Worten ergreifen, er ist offen dafür und bleibt nicht passiv. Die Dynamik der Worte in der Erzählung überträgt sich auf den lahmen Großvater, er lässt sich davon so sehr berühren, dass er sich damit identifiziert und dadurch von seiner Lahmheit geheilt wird.

Buber äußert dazu in seinem Vorwort (S. 5 f.) Folgendes, indem er das für ihn so wichtige dialogische Geschehen mit einbezieht:

> Das erzählende Wort ist mehr als Rede
> (…) das Erzählen ist selber Geschehen,
> es hat die Weihe einer heiligen Handlung
> (…) Wunder, das man erzählt, wird von
> Neuem mächtig, Kraft, die einst wirkte,
> pflanzt im lebendigen Worte sich fort und
> wirkt noch nach Generationen.

Buber war davon überzeugt, dass hinter den Aufzeichnungen der Chassidim *die Erfahrung begeisterter Seelen* stand, *eine in aller Unschuld entstandene Wirklichkeit*. Dies sollte sich auf die Zuhörer übertragen und bei ihnen Freude und Lebendigkeit erzeugen.

Voraussetzung ist, dass der Hörer berührbar ist für das Wort, sodass er selbst animiert wird, ein Sprecher zu werden und das Wort weiterzugeben. Damit ist die Bedeutung des intensiven Aufeinanderhörens mit eingeschlossen, die auch in der Therapie immer wieder erfahren werden kann.

Das Wort des Therapeuten, das aus seiner eigenen inneren Berührtheit (auch von der Erzählung des Patienten) oder aus einer intuitiven Eingebung kommt, kann dann den Patienten so stark von innen berühren, dass es über viele Jahre heilend wirkt, dass er oder sie es möglicherweise nie wieder vergisst. Worte, die auch vom Sprecher zunächst zutiefst empfunden werden, können für die Hörenden Nahrung sein, er oder sie kann sie sich einverleiben, sie können gleichsam "gegessen" werden und dadurch Kraft und Heilung bewirken. An Worten, die aus innerer Überzeugung zugesprochen werden, kann man sich festhalten. Sich in der Seele berühren lassen, ist die beste Voraussetzung, damit Heilung geschehen kann.

3. Berührtwerden durch ein schmerzhaftes seelisches Erlebnis, erfahrbar durch körperliche Sensationen

Werfen wir noch kurz einen Blick auf eine andere Art des Berührtwerdens, eine sensitive Erfahrung, die sich in einer körperlichen Reaktion äußert. Es geht um den autobiografischen Roman *Die zitternde Frau. Eine Geschichte meiner Nerven.* von Siri Hustvedt (2010).

In diesem Buch setzt sich die Autorin mit Zitteranfällen auseinander, die sie bei öffentlichen Auftritten heimgesucht haben. Sie stellt fest, dass dies mit einem traumatischen Erlebnis zu tun haben muss, das sie psychisch und nervlich stärker berührt hat, als sie zunächst wahrnahm. Knapp drei Jahre nach dem Tod ihres Vaters wird sie bei einer Gedenkrede auf ihn plötzlich von heftigen, unkontrollierbaren Zitteranfällen am ganzen Körper geschüttelt. Wenig später, bei einem Universitäts-Vortrag wiederholt sich dasselbe Erleben.

Es wird ihr klar, dass der Tod des Vaters etwas Traumatisches für sie hatte und nun im Zusammenspiel von Geist und Psyche die körperlichen Sensationen hervorruft. Sie fragt sich, was den Geist, das Gehirn und die Seele voneinander unterscheidet und von wo die Impulse zu solchem Zittern herrühren.

Siri Hustvedt ist bei ihrer Ursachenforschung sehr vorsichtig und kritisch, da Genaues über die wechselseitige Abhängigkeit von Körper und Geist noch nicht bekannt ist, obwohl es sie gibt. Sie analysiert sich selbst und macht sich mit vielen Theorien aus Psychiatrie und Psychoanalyse vertraut, kommt für sich selbst aber zu keiner Diagnose, auch eine Heilung im herkömmlichen Sinne bleibt aus.

Immer wieder erlebt sie das Zittern, ohne dass es vorhersehbar gewesen wäre und ohne dass es eindeutige Erklärungen gegeben hätte, vielleicht war es manchmal eine kurz zurückliegende starke emotionale Berührung. Somit kann sie ihre körperliche Reaktion als Zeichen für ihr inneres starkes Berührtsein nehmen, dafür, dass sich in ihrer Seele etwas Wichtiges abspielt, worauf sie achten sollte.

Literatur, so Hustvedts Erfahrung, kann manchmal mehr wissen als all das Erforschte zusammen. In dieser Weise bewältigt sie ihre nervösen Sensationen, indem sie sich schreibend auf die Suche nach den Ursachen macht. Erzählen hilft verstehen, so erfährt sie es, und kann das Zittern abmildern und sogar immer wieder aufheben. Das ist für sie eine Art der Heilungserfahrung.

Auch in der Therapie ist nicht immer möglich, das Zusammenspiel von Körper und Geist und die tieferen Ursachen von deren Komplikationen zu erkennen. Trotzdem können wir in einen Dialog mit unserer Seele gehen, sie sprechen lassen und das narrative Element in der Therapie immer wieder wertschätzen.

Literatur

Buber, M. (1949). *Die Erzählungen der Chassidim.* Zürich. Manesse.

Domin, H. (1962). *Unaufhaltsam*: In: Die Rückkehr der Schiffe. Frankfurt: Fischer .,

Feinberg, T. E. (2002). *Gehirn und Persönlichkeit: Wie das Erleben eines stabilen Selbst hervorgebracht wird.* Kirchzarten: VAK VerlagsGmbH.

Greiner, J. (2007). *Eine Gedichtsinterpretration von "Unaufhaltsam" von H. Domin.* Ravensburg: GRIN.

v. Goethe, J. W. (1774/1982). *Die Leiden des jungen Werther.* München: dtv. Hamburger Ausgabe, hg. von Erich Trunz und Benno v. Wiese.

Hustvedt, S. (2010). *Die zitternde Frau. Eine Geschichte meiner Nerven.* Hamburg: Rowohlt.

Jung, C. G. (1982). *Die Dynamik des Unbewussten.* GW 8, Olten und Freiburg i. Brsg.

v. Thadden, E. (2010). *Warum zittere ich?* DIE ZEIT, Nr. 05/2010.

Irene Berkenbusch-Erbe
Dr. phil., Analytische Psychologin (DGAP, IAAP), Dozentin und Lehranalytikerin am ISAP Zürich und am C. G. Jung-Institut Stuttgart. Arbeit in freier Praxis in Ludwigshafen a. Rhein. Veröffentlichungen auf psychologischem und literarischem Gebiet.

*Was uns nicht berührt,
das verwandelt uns nicht.*

C. G. Jung

Als Gott den Mann schuf, übte sie noch

Das Gemälde von der Erschaffung Adams von Michelangelo, das sich an der Decke der Sixtinischen Kapelle des Vatikans befindet, ist sicher eines der berühmtesten „Berührungs"-Motive der Welt.

Oben und unten auf dieser Seite sehen wir zwei der vielen Variationen des Motivs (eigene Collagen unter Verwendung eines Gemäldes der afri-kubanischen Künstlerin Harmonia Rosales 2017).

Viele Fragen hat die Handhaltung der beiden Gestalten (Gott/Göttin und Adam/Eva) ausgelöst. Warum berühren sie sich nicht? Nähern sie sich gerade an, damit der schöpferische Lebensfunke überspringt oder entfernen sie sich gerade voneinander und Adam/Eva schaut ihr/ihm sehnsuchtsvoll nach, allein gelassen in einer fremden Welt, getrennt vom Ursprung? Oder soll das ein Hinweis sein, dass zwischen Göttin/Gott und Mann/Frau immer ein Abstand besteht, weil das Göttliche immer ein metaphysisches Mysterium bleibt?

Warum wirkt die Hand von Adam/Eva wie auch seine/ihre Körperhaltung entspannt, warum streckt sich sein/ihr Finger nicht auch der göttlichen Hand entgegen? Er/Sie ist vielleicht noch nicht richtig aufgewacht, noch müde, noch halb versunken im Urschlaf vor aller Bewusstwerdung, vielleicht aber auch unsicher, ob er/sie dieses Geschenk überhaupt annehmen soll?

Bilder berühren – eine archetypische Dimension

Margarete Leibig

Nach einer Ausstellung in der Kunsthalle in Karlsruhe mit Bildern von Hans Baldung Grien, „heilig/unheilig", die mich tief berührt hat, ging ich der Frage nach: Weshalb eigentlich können uns Bilder zutiefst berühren, faszinieren und eine ausgesprochen starke Resonanz in uns wachrufen?

Im Flyer zu der Ausstellung (Prospekt der Kunsthalle Karlsruhe) lesen wir: *Er war einer der außergewöhnlichsten Künstler des 16. Jahrhunderts: Hans Baldung, genannt Grien (1484/85-1545). Den tief greifenden Umwälzungen seines Zeitalters setzte er ein individuelles, oftmals exzentrisches Werk entgegen. Dabei faszinieren seine Gemälde, Zeichnungen und Holzschnitte bis heute.* "

Ja, es ist wirklich eine Faszination, eine momenthafte Ergriffenheit, die in der Begegnung mit seinen Bildern möglich werden. Und das ist vermutlich auch das Geheimnis, warum Bilder uns berühren. Die archetypische Dimension, die wir als Betrachtende fühlen, schafft Resonanz in unserer individuellen Persönlichkeit und auch über das kollektive Unbewusste in uns.

Archetypen werden heute als genetisch verankerte, evolutionär erworbene Grundformen oder auch als Strukturdominanten gesehen.

> Unser Leben ist dasselbe, wie es seit Ewigkeiten war. Es ist jedenfalls in unserm Sinne nichts Vergängliches, denn dieselben physiologischen Prozesse, wie sie dem Menschen seit Hunderttausenden von Jahren eigneten, dauern immer noch an und geben dem inneren Gefühl

Madonna delle gemme (wikimedia.org)

tiefste Ahnung einer ‚ewigen' Kontinuität des Lebendigen. (Jung, zit. n. Müller, Müller, 2003, S. 31)

Es sind Bilder, die in uns Lebensthemen ansprechen und damit eine tiefe Berührung auslösen können. Mir ist aufgefallen, dass in den Bildern von Hans Baldung Grien, in den Marienbildern mit dem Jesuskind, weitaus mehr, als ich das bisher gesehen habe, die Beziehung von Mutter und Kind spürbar wird. Besonders beeindruckte mich ein Bild, in dem es aussieht, als ob das Jesuskind seiner Mutter gleich einen Kuss geben wird. Das Jesuskind legt seine Hand an den Hals von Maria, die Verbindung von Mutter und Kind wird sichtbar, sodass die religiösen Bilder eingebettet sind in eine Körperlichkeit und in die Transzendenz. Zudem wissen wir heute, wie wesentlich, ja überlebenswichtig, Bindungen und Beziehungen sind.

Die Pole Materie und Geist haben im Bild eine Verbindung gefunden. In dieser conjunctio oppositorum, der Vereinigung der Gegensätze, werden in unserer Seele schöpferische Kräfte freigesetzt. Wir werden tief in uns, im Selbst, angesprochen. Der erwachsene Mensch geht in seinem Ich durch die Ausstellung, verbunden mit seinem Selbst. Erich Neumann spricht von der Ich-Selbst-Achse.

Immer wieder bleiben wir stehen und tauchen ein in das Bild. Wir können tief in Resonanz mit dem Bild sein, mit dem Thema in dem Bild und dem Geschehen an sich, das sich uns in den Bildern zeigt. Paul Klee schrieb einmal, Kunst bilde nicht ab, sondern mache sichtbar.

Ungleiches Liebespaar
(Staatl. Kunsthalle Karlsruhe)

In diesem Sichtbarmachen von gesellschaftlichen Themen des sechzehnten Jahrhunderts bei Hans Baldung Grien sind archetypische Themen angesprochen, die uns bis heute be-

treffen. Bilder wie: *Ungleiches Liebespaar*, alter Mann und das junge Mädchen. Die Frau schaut etwas gequält oder angewidert und darunter steht im Begleittext, sie will sein Geld haben. Hier ist ein Schattenthema angesprochen, mit dem wir bis heute in der Paarberatung konfrontiert sind.

Ein Bild mit sieben Lebensstufen von Frauen wird uns gezeigt, vom Kind über die Jugendliche sowie erwachsenen Frauen in verschiedenen Stadien bis hin zur sterbenden Frau. Auch hier werden wir im Aufzeigen des Lebensbogens in unseren ganz verschiedenen Entwicklungsstufen als Frau und als Mensch angesprochen. Es werden Gefühle in uns berührt, die Rührung bis hin zu Tränen hervorrufen.

Der Maler wird weiter beschrieben:

Nie gab sich Baldung mit dem Herkömmlichen zufrieden, vielmehr suchte er nach neuen und packenden Formulierungen. Zwei Pole bestimmten sein Schaffen: Zum einen das Religiöse, das er in Altar- und Andachtsbildern sowie in Glasgemälden gestaltete; zum anderen das Weltliche, das ihn zu charaktervollen Porträts, humanistisch verrätselten Denkbildern und sinnlichen Akten, zu denen auch die drastischen Hexenszenen zählen, inspirierte.

Der Archetyp der schöpferischen Entwicklung begegnet uns in dem Satz, dass er sich mit dem Herkömmlichen nicht zufriedengab. Damit können wir uns identifizieren und es berührt uns, trifft uns im Innersten und zeigt uns unsere eigene Sehnsucht nach Erneuerung und schöpferischer Entwicklung. Wir suchen ja auch etwas, das uns selbst in unserem Alltag übersteigt, sind neugierig und bereit, in unserem inneren Wachstums-und Reifungsweg weiterzugehen.

Der Maler war neugierig, ging in vielem einen Schritt weiter, malte erotische Szenen zu einer Zeit, in der dies keinesfalls üblich war.

Er scheut sich auch nicht, eine alte Frau mit offener Bluse und ihrer entblößten Brust zu malen, sodass der Eros bei einer alternden Frau spürbar wird. Im Anschauen werden unsere Projektionen wach. Wir können das Bild wie einen Spiegel anschauen und in die archetypischen Themen eintauchen.

Die 7 Lebensalter des Weibes, Haus der bildenden Künste, Leipzig (wikimedia.org)

Gerald Hüther (2005) hat in seinem Buch „*Die Macht der inneren Bilder: Wie Visionen das Gehirn, den Menschen und die Welt verändern* davon gesprochen (S. 108):

> Es gibt kaum etwas Beglückenderes als diese leider viel zu seltenen Momente im Leben, in denen man spürt, wie der von all den tagtäglich zu lösenden Problemen gar zu eng gewordene Blick sich plötzlich wieder zu weiten beginnt, wie einem das Herz aufgeht und die Ideen übersprudeln.

und weiter:

> Der Kopf ist plötzlich wieder frei, man kann tief durchatmen und spürt auf der nun nicht mehr durch einen Vorhang verdeckten inneren Bühne der eigenen Fantasie seine Flügel wieder wachsen. Was in diesen außergewöhnlichen Momenten im Gehirn passiert, ist jedoch durchaus nichts Ungewöhnliches. Eigentlich tritt hier etwas nur zutage, was in der Konstruktion des menschlichen Gehirns

von Anfang an angelegt ist: Die Fähigkeit zur Öffnung und Erweiterung der großen Bühne, auf der die von bestimmten inneren Bildern gelenkten Stücke aufgeführt werden.

Berührend in den Bildern von Hans Baldung Grien ist auch seine Farbenwelt. Die ausgestellten Kirchenfenster zeigen unglaublich strahlende Farben. Ingrid Riedel (2019) schreibt (S. 7): Farben sind Strahlungskräfte, Energien, die auf uns in positiver oder negativer Weise einwirken, ob wir uns dessen bewusst sind oder nicht.

Ihr Buch ist eine Einladung, *Farben als reale Strahlungskräfte zu begreifen* die uns mit bestimmten Energiefeldern in Kontakt bringen können. So gehen wir durch die Ausstellung, berührt von den archetypischen Bildern, Themen und Farben und fühlen uns belebt, in der Lust auf Schöpferisches, bis hin zu dem Impuls von mir, diesen Artikel für das Jung-Journal zu schreiben.

Literatur

Müller, L., Müller A. (Hrsg.) (2003). *Wörterbuch der analytischen Psychologie*. Düsseldorf: Walter.

Hüther, G. (2005). *Die Macht der inneren Bilder*. Vandenhoeck & Ruprecht, Göttingen.

Riedel, I. (2019). *Die Symbolik der Farben*. Patmos Verlag.

Margarete Leibig
Dipl.-Soz.päd., Analytische Kinder- und Jugendlichen-Psychotherapeutin, Psychodramatherapeutin, Dozentin, Supervisorin am C. G. Jung-Institut in Stuttgart, ehem.Vorstandsmitglied des C. G. Instituts, der Deutschen Gesellschaft für Analytische Psychologie und aktuell Vorstandsmitglied der Internationalen Gesellschaft für Tiefenpsychologie, Mitglied in der Redaktion des Jung-Journals.

Das Enneagramm als Landkarte der Selbsterkenntnis

Michael Seibt

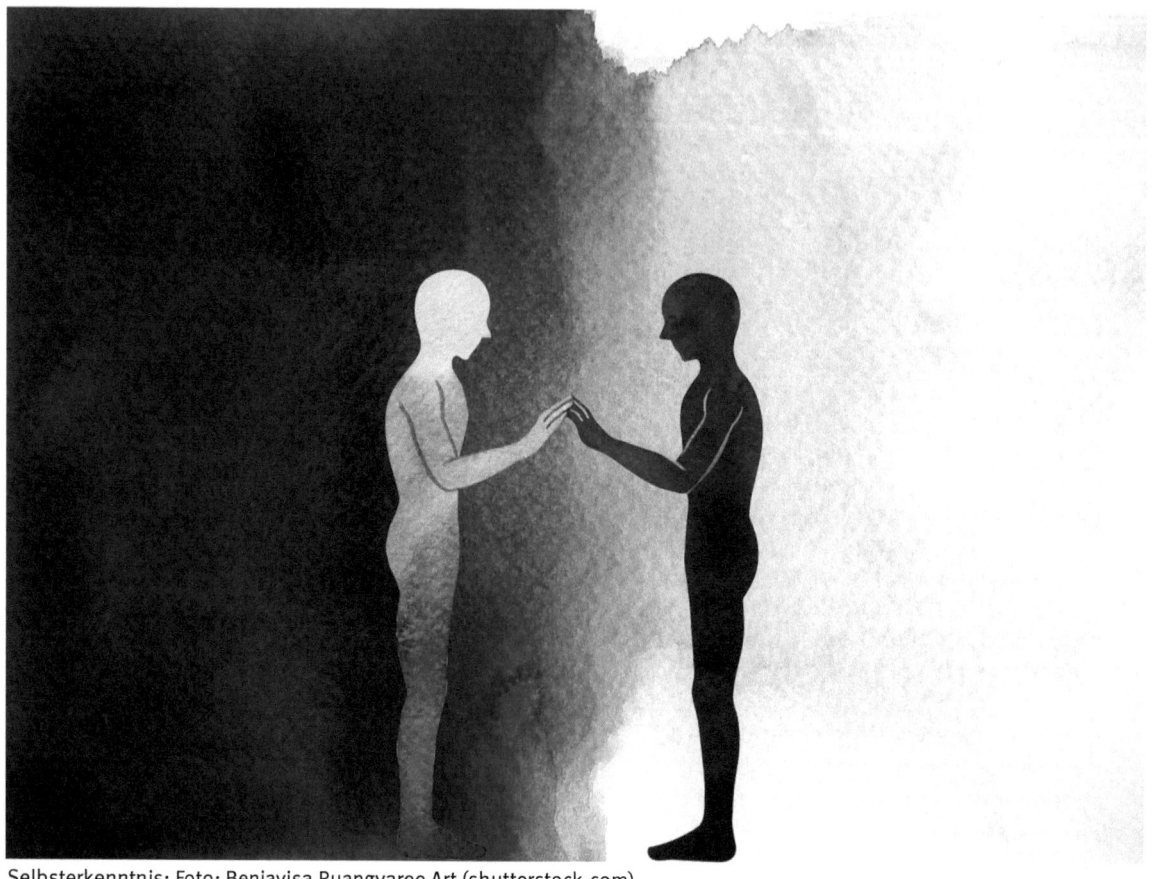

Selbsterkenntnis: Foto: Benjavisa Ruangvaree Art (shutterstock.com)

Alle spirituellen Wege kennen heilende Berührung. Da körperliche und seelische Berührung zwar unterschieden, aber nicht zu trennen sind, wirkt eine körperliche Berührung auf die Seele und eine seelische Berührung auf den Körper. Es spielt keine entscheidende Rolle, von welcher Seite die Berührung ausgeht.

Nehmen wir als Beispiel die alte Praxis des Handauflegens. Ihre heilsame Wirkung beruht darauf, dass sie das Bewusstsein dafür öffnet, dass alles im Leben durch Berührung und Verbundensein geschieht. Wenn wir uns als getrennt davon erfahren, reagiert die Seele mit Angst. Sie versucht auf unterschiedliche Weise, den Mangel an Berührung zu kompensieren. Fehlt es an der Erfahrung von grundlegendem Gehalten-Sein, muss man sich dafür anstrengen. Die Basis-Berührung des Tragens und Haltens weckt in der frühen Kindheit Urvertrauen in das Leben. Fehlt es daran, entwickelt die Seele Strategien, um sich diese Erfahrung auf andere Weise zu verschaffen.

In der alten Weisheitslehre des Enneagramms werden neun verschiedene Arten beschrieben, wie die Seele versucht, ihre Mangelerfahrungen an heilsamer Berührung auszugleichen. Allen gemeinsam ist das angestrengte Bemühen, die fehlende Berührung zu ersetzen durch spezifische Reaktionen und Leidenschaften. Das Enneagramm ist so etwas wie eine Landkarte, die dabei hilft, sich selbst tiefer zu verstehen.

Die Bezeichnung der neun Charakterfixierungen ist unterschiedlich. Ich folge hier den Bezeichnungen, die Christian Meyer verwendet:

1. Perfektionistischer Reformer
2. Bedürftiger Helfer
3. Blendender Macher
4. Dramatischer Romantiker
5. Weiser Sonderling
6. Loyaler Skeptiker
7. Verplanter Abenteurer
8. Beschützender Boss
9. Harmoniesüchtiger Vermittler

Sie entsprechen den Leidenschaften, die auf eine alte Tradition zurückgehen, beschrieben z. B. im vierten Jahrhundert von Evagrius Pontikos:

1. Zorn
2. Stolz
3. Eitelkeit
4. Neid
5. Habgier
6. Zweifel
7. Unersättlichkeit
8. Wollust
9. Bequemlichkeit

Diese Leidenschaften der Seele sind ihre verständlichen Versuche, einem grundlegenden Mangel an Berührung und Gehaltensein zu entkommen. Im Unterschied zu der verbreiteten Abwertung der Leidenschaften, werden sie in modernen spirituellen Schulen, wie z. B. der Ridhwan-Arbeit nach Ali Hameed Almaas als „Tore zur Essenz" verstanden. Das bedeutet: Wenn wir uns den Fixierungen, Verengungen und Leidenschaften der Seele mit Aufmerksamkeit und Mitgefühl zuwenden, können sie uns den Weg weisen zu grundlegenden Qualitäten des Lebens. Almaas nennt diese Qualitäten „essenzielle oder heilige Ideen". Es handelt sich dabei nicht um gedankliche Konstrukte, sondern um Merkmale der Wirklichkeit wie sie ist, wenn wir sie ohne die eingrenzenden Leidenschaften der Seele wahrnehmen.

In seinem Buch „Facetten der Einheit" beschreibt Almaas, wie die essenziellen oder heiligen Ideen die Verengungen und Fixierungen der Seele lösen, sobald wir sie erkennen und sie uns bewusst werden.

An Punkt eins (perfektionistischer Reformer) mündet das fehlende Urvertrauen in die Überzeugung, dass etwas an einem falsch ist. Auf diese Schwierigkeit folgt die Reaktion, sich selbst verbessern zu wollen. Die entsprechende Leidenschaft ist der Groll. Man sagt auf aggressive und urteilende Weise Nein zur eigenen Erfahrung. Heilung findet die Seele, wenn sie erkennt, dass Vollkommenheit eine essenzielle oder göttliche Qualität des Lebens ist, wie es Jesus in der Bergpredigt sagt: *Darum sollt ihr vollkommen sein, wie euer himmlischer Vater vollkommen ist.* (Mt 5,48) Vollkommenheit ist hier nicht das Ergebnis einer Bemühung, sondern eine Qualität des Lebens.

An Punkt zwei (bedürftiger Helfer) führt der Verlust an Urvertrauen zu einer anderen Reaktion. Die Seele empfindet das als schweren Schlag für den eigenen Stolz, die Leidenschaft an Punkt zwei. Als Reaktion versucht sie, eigenmächtig zu handeln. Sie beginnt zu manipulieren, z. B. durch Hilfsbereitschaft. Daher nennt Meyer diesen Charaktertyp den „bedürftigen Helfer". Heilung findet diese Verkrampfung der Seele, indem sie sich in den Willen des großen Ganzen hinein entspannt. Der heilige Wille ist die essenzielle Idee, die hier wirkt. Das entspricht der Vaterunser-Bitte: *Dein Wille geschehe.* (Mt 6,10)

An Punkt drei (blendender Macher) wirkt sich der Verlust an Urvertrauen so aus, dass die Seele meint, sie müsse alles alleine machen. Man ist der Meinung, man sei verlassen und isoliert und fühlt sich hilflos. Um das nicht erleben zu müssen, entwickelt die Seele die Strategie, durch ständiges Tun und Machen ihre Hilflosigkeit zu überdecken. Der Glanz des eigenen Erfolgs soll das vergessen machen. Die zugrunde liegende Leidenschaft ist die Eitelkeit. Heilung findet diese Einschränkung der Seele, indem sie die Hilflosigkeit anerkennt und sich demütig der Selbstwirksamkeit des Lebens überlässt. Almaas spricht von der heiligen Idee der Harmonie. Das entspricht der Erfahrung, die Paulus so beschreibt: *Wir wissen aber, dass denen, die Gott lieben, alle Dinge zum Besten dienen.* (Röm 8,28)

An Punkt vier (dramatischer Romantiker) wirkt sich der Verlust des Urvertrauens wiede-

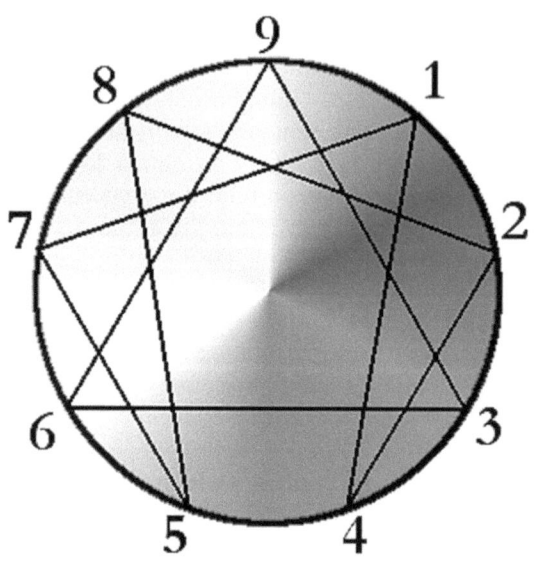

Symbol des Enneagramms. (Wikipedia)

rum anders aus. Hier entwickelt die Seele ein grundlegendes Misstrauen und bemüht sich daher, die Dinge zu kontrollieren. Man fühlt sich vom Ursprung des Lebens abgetrennt und entwickelt ein schmerzhaftes Lebensgefühl der Entfremdung, was zu zahlreichen inneren und äußeren Dramen führt. Vergleichender Neid ist die grundlegende Leidenschaft an dieser Stelle. Heilung findet die Seele, wenn ihr bewusst wird, dass die Wirklichkeit grundsätzlich vertrauenswürdig ist, was sich in der heiligen Idee des Ursprungs ausdrückt. Das entspricht der Erfahrung, die in der Areopag-Rede des Paulus zum Ausdruck kommt: *Denn in ihm (Gott) leben, weben und sind wir. (Apg 17,28)*

An Punkt fünf (weiser Sonderling) entwickelt die Seele als Reaktion auf den Verlust des Urvertrauens die Überzeugung, getrennt von allem zu sein. Daraus folgt ein Rückzugsverhalten. Man hat das Gefühl, nicht mit der Realität klarzukommen. Man vermeidet es, sich getrennt zu fühlen, indem man sich den Situationen möglichst nicht aussetzt, in denen dieses Gefühl deutlich spürbar ist. Man spaltet den Verstand vom Körper und denkt sich immer tiefer in die Trennung hinein. Habgier als zugrunde liegende Leidenschaft ist der Versuch, das Gefühl der Trennung erträglich zu machen. Heilung findet die Seele, wenn sie sich in das Ganze hinein entspannen kann. Almaas spricht von der heiligen Idee des Allwissens oder der Transparenz. Die individu-

elle Welle des Lebens ist Teil des Ozeans. Das entspricht der Erfahrung, die Jesus nach dem Johannesevangelium so ausdrückt: *Ich und der Vater sind eins. (Joh 10,30)*

An Punkt sechs (loyaler Skeptiker) entwickelt die Seele ein defensives Misstrauen und eine ängstliche Unsicherheit. Man ist grundsätzlich skeptisch gegenüber dem Leben. Es regiert die Leidenschaft des Zweifels, die schon sprachlich eine Entzweiung ausdrückt. Um das nicht erleben zu müssen, versucht die Seele, sich durch Loyalität und Anpassung neu zu beheimaten. Heilung findet die Seele, indem sie sich dem heiligen Glauben überlässt, was nicht bedeutet, „etwas" zu glauben. Vertrauen und Glaube ist vielmehr ein essenzielles Merkmal der Wirklichkeit. Das entspricht der Erfahrung, die wiederum Johannes so ausdrückt: *In der Welt habt ihr Angst; aber seid getrost, ich habe die Welt überwunden. (Joh 16,33)*

An Punkt sieben (verplanter Abenteurer) führt der Verlust des Urvertrauens dazu, dass die Seele sich desorientiert fühlt und nicht mehr weiß, was zu tun ist. Sie kompensiert das, indem sie beginnt, die eigene Entfaltung zu dirigieren. Man plant sich selbst und fängt an, bestimmte Erfahrungen oder Abenteuer zu suchen. Man misstraut dem inhärenten Plan des Lebens und erfindet den Plan selbst. Die zugrunde liegende Leidenschaft ist die Unersättlichkeit in Bezug auf Erlebnisse. Heilung findet die Seele, indem sie sich der heiligen Idee der Weisheit oder des Plans überlässt. Das entspricht der Sichtweise, die Jesus so ausdrückt: *Wer sein Leben erhalten will, der wird's verlieren; wer aber sein Leben verliert um meinetwillen, der wird's finden. (Mt 16,25)*

An Punkt acht (beschützender Boss) spürt die Seele den Verlust des Urvertrauens, indem sie sich dual getrennt von der Einheit des Seins erfährt. Das führt zum Gefühl, schlecht und schuldig zu sein. Um diesem Schmerz zu entgehen, reagiert die Seele mit dem Versuch, die Erfahrung der Verletzlichkeit zu vermeiden. Sie beginnt, sich selbst und andere zu beschuldigen und zu bestrafen bis hin zum Impuls, sich zu rächen. Heilung findet die Seele, indem sie die Einheit des Seins erkennt. Das entspricht der Sichtweise, die Johannes so ausdrückt: *Ich bin der Weg, die Wahrheit und das Leben. (Joh 14,6)*

An Punkt neun (harmoniesüchtiger Vermittler) drückt sich das fehlende Urvertrauen als „Minderwertigkeitskomplex" aus. Es entsteht die Überzeugung, dass Liebe an Bedingungen geknüpft ist. Man erkennt nichts Liebenswertes an sich. Um dem zu entgehen, versucht die Seele, Konflikten aus dem Weg zu gehen. Die Leidenschaft ist hier Bequemlichkeit und Trägheit. Heilung findet die Seele, indem sie essenzielle, bedingungslose Liebe als das Herz der Wirklichkeit erkennt. Das drückt der 1. Johannesbrief so aus: *Gott ist die Liebe; und wer in der Liebe bleibt, der bleibt in Gott und Gott in ihm. "(1. Joh 4,16)*

Der Durchgang durch die neun Reaktionen der Seele auf die Erfahrung des Verlustes an Urvertrauen macht deutlich, dass diese Reaktionen alle verständlich und in Ordnung sind. In spiritueller Sprache ist manchmal vom Ego die Rede. Damit sind keine „schlechten Eigenschaften" gemeint. Es handelt sich vielmehr um die nachvollziehbaren Strategien der Seele, sich selbst zu helfen. Es sind Versuche, fundamentale Mangelzustände auszugleichen.

Eine Zeit lang mag das funktionieren. Wenn es nicht mehr funktioniert, ist die Zeit reif für einen grundlegenden Schritt aus den Ego-Eingrenzungen der Seele heraus in die Erfahrung der essenziellen Qualitäten des Lebens, die stets da sind.

Nur: Das haben wir oft noch nicht realisiert. Spirituelle Praktiken wollen der Erkenntnis dienen, dass wir in einem tieferen Sinn gehalten sind. Sie wollen unser Urvertrauen wecken. Dem können wir uns durch körperliche Praktiken, wie z. B. dem Handauflegen, ebenso öffnen, wie durch Meditation (Sitzen in Stille), achtsames Bewegen (Yoga) und inneres Erforschen. Dabei wenden wir uns den einschränkenden Fixierungen der Seele mitfühlend zu. Wichtig ist dabei, dass diese Praktiken die Essenz nicht bewirken. Sie dienen lediglich der Erkenntnis der Charakterfixierungen.

Die spirituelle Haltung bringt das Gebet zum Ausdruck, das Anne Höfler in ihrer Schule des Handauflegens an den Beginn dieser Praxis stellt: *Möge die göttliche heilende Kraft durch uns fließen, uns reinigen, stärken und heilen, uns erfüllen mit Liebe, heilender Wärme und Licht, uns schützen und führen auf unserem Weg. Wir danken dafür, dass dies geschieht.*

Literatur

Almaas, A. H. (2003). *Facetten der Einheit*. Bielefeld: Kamphausen-Verlag.

Evagrius Ponticos (2007). *Über die acht Gedanken*. Beuron: Beuroner Kunstverlag.

Höfler, A. (2011). *Open Hands. Grundlagen und Praxis des Handauflegens*. München: Knaur-Taschenbuch.

Meyer, C. / Winklhofer, A. (2016). *Neun Farben der Stille. Spirituelles Enneagramm und Selbst-Erfahrung*. Berlin: Verlag Zeit und Raum.

Stiegler, R. (2014). *Nach innen lauschen. Inspirationen für die spirituelle Praxis*. Freiburg: Arbor-Verlag.

Michael Seibt
Michael Seibt, Jahrgang 1955, evangelischer Pfarrer in der Brückenseelsorge an einer Klinik für Psychiatrie, Psychotherapie und Psychosomatik in Reutlingen, MBSR-Lehrer (Stressbewältigung durch Achtsamkeit), Supervisor und Coach DGSv. Weitere Informationen: www.mbsr-coaching-tuebingen.de.

IMPULSE

Man muss mich nicht lieben
Ein Film von Stéphane Brizé (2005)

Dieter Volk

Die Welt des Tango, das Tangotanzen hat schon viele Filmemacher inspiriert. Oft entstanden dabei Werke, die weniger durch ihre Handlung als durch die gezeigten Tangoszenen beeindrucken, wie jene in *Der Duft der Frauen* (1992), von dem vor allem Al Pacinos Tango mit Gabrielle Anwar in Erinnerung bleibt. Oder auch *Darf ich bitten?* (2004), in dem Richard Gere und Jennifer Lopez gekonnt-glamourös einen Tango zelebrieren. Vor allem aber kommt einem Sally Potters *Tango Lesson* (1997) in den Sinn, ein Film, der den Tango als Kampf der Geschlechter in seinen Mittelpunkt stellt und mit seinen bildgewaltig choreografierten Tanzszenen fasziniert. Filme, die durch ihre Kraft und Dynamik hervorstechen und die attraktive, meist junge Menschen ins Zentrum stellen.

Am berührendsten aber ist der Tango in Filmen, wenn in ihnen gebrochene Helden, oft nicht-junge, gar nicht-schöne gezeigt werden. Wie in dem französischen Spielfilm *Man muss mich nicht lieben* (2004), einem gelungenen Stück des leichten Erzählens, gezeigt nicht in prall-bunten Bildern, sondern, an Kaurismäkis Kino erinnernd, in eher blassgrau getupften Farben.

Ein tristes Leben

Man muss ihn nicht lieben, Jean-Claude (Patrick Chesnais), Mitte 50, geschieden und allein lebend, den man in der ersten Einstellung müde und schwerfällig die Stufen eines kargen Treppenhauses hochsteigen sieht. Er ist als Gerichtsvollzieher unterwegs, um einer jungen Frau, die ihre Miete nicht bezahlen kann, ihre baldige Zwangsräumung zu eröffnen. Der Mann wirkt nicht unsympathisch, nicht herzlos, nur routiniert, abgehärtet in Erfüllung seiner ungeliebten Pflicht.

Wahrlich, man liebt ihn nicht. Und dies ist nicht verwunderlich, wenn man sieht, wie er sein tristes Leben lebt. Wie er sich tagaus tagein verdrießlich in sein kahles Büro schleppt, Schulden eintreibt, Pfändungen und

Zwangsräumungen vornimmt. Wie er seinen steinalten Vater am Wochenende im Altenheim besucht und sich von ihm tyrannisieren lässt und wie er in ähnlicher Manier seinen Sohn, auch er Gerichtsvollzieher in seiner Kanzlei, behandelt.

Ein Leben, in sprachloser Versteinerung, fast Verwelktheit – auch für den Zuschauer bedrückend zu sehen. Es scheint, als habe Jean-Claude die Hoffnung aufgegeben, dass ihm das Leben Freude machen könnte. Ein regelrechtes Trauerspiel, wenn da nicht leise Töne wären, die ins Geschehen dringen. Schon die Anfangsszene wird, fast kontrastierend, von Tangoklängen begleitet, und wenn Jean-Claude in seiner Kanzlei ans Fenster tritt, die Gardine beiseiteschiebt, es einen Spalt breit öffnet, um die Tänzer in der gegenüber liegenden Tanzschule zu beobachten, vernimmt er solche Musik. Schon häufig hat er auf die tanzenden Paare sehnsuchtsvolle Blicke geworfen. Etwas anderes dringt in seine

Welt, etwas, was ihn ganz unerwartet erwärmt – und nichts bleibt, wie es war.

Tango ist Berührung

Als ihm sein Arzt rät, Sport zu treiben – er habe „Probleme mit dem Herzen!" –, fackelt er nicht lange und entschließt sich, einen Tangokurs in eben dieser Tanzschule zu besuchen. Und plötzlich weitet sich der Spalt. – Die Tanzschule ist nicht nur ein Ort, wo man in die Kunst des Tanzens eingeführt wird, zuallererst ist es ein Ort der Berührung. Wer erinnert sich nicht an die ersten Stunden damals in der Tanzstunde: Vorsichtig legt man seine Hand an den Rücken seiner Partnerin oder auf die Schulter seines Partners. Die Schritte werden angezählt. Man stolpert los. „Wird das gut gehen mit uns?" Man tritt sich auf die Füße, verliert sich und findet wieder zueinander. Und immer ist da die sinnliche Erfahrung der Berührung. Wenn es gut geht, verliert sie ihre Steifheit, wenn es gelingt, findet man den stimmigen Abstand zueinander.

Ganz ähnlich ergeht es Jean-Claude. Umgeben von angestrengten, hoch konzentrierten oder aufdringlich-schmierigen Mitschülern bewegt er sich schüchtern, drucksend und stolpernd übers Parkett. Das ist nicht sein Terrain, aber der Spalt zu dieser neuen Welt hat sich weiter aufgetan, sie macht ihn neugierig und weckt Sehnsucht in ihm.

Tango, schon dem Wort ist seine Bedeutung eingeschrieben – tangere – berühren. Tango ist Berührung von Körpern, Gefühlen, Kulturen. Ursprünglich stammt der Tango aus dem Milieu der Bars und Bordelle in Buenos Aires. Seine Musik ist meist nicht fröhlich. Sie ist geprägt von den zerstörten Hoffnungen der Einwanderer. In seinen Texten und Balladen erzählt der Tango von Einsamkeit, Entfremdung, von enttäuschter Liebe und oft herzzerreißender Sehnsucht

nach ihr. Es heißt, der Tango sei ein trauriger Gedanke, den man tanzen kann. Wie geschaffen für unseren Protagonisten Jean-Claude. Angezogen von der Musik wagt er die Berührung mit dieser ihm unbekannten, fremden Welt, vorsichtig taucht er in sie ein.

Er, der bislang in Einsamkeit, im Zwang und in strenger Sachlichkeit, in teilnahmsloser Distanziertheit gefangen war, der darin seine Gefühle verschlossen gehalten hat, spürt, dass das Tangotanzen mit seinen Kodizes und Ritualen seine Schwierigkeiten im Umgang mit Nähe und Distanz, mit Berühren und Berührtwerden regelt und solcherlei „Leitplanken" ihm erlauben, seiner Sehnsucht zu folgen.

Eine melancholische Romanze

Jean-Claudes Begegnung mit dem Tango ist auch die Begegnung mit Françoise (Anne Consigny). Überrascht nimmt er zur Kenntnis, dass die at-

traktive junge Frau nicht mit dem aufdringlichen Angeber üben möchte, sondern ihn zum Tanzen auffordert. Und es kommt, wie es kommen muss: Er wird von Françoise verzaubert. Ganz zart, eigentlich nur mit einer scheuen Berührung, entwickelt sich eine so unwahrscheinliche wie schöne Liebesgeschichte.

Regisseur Stéphane Brizé hat in diesen Szenen alles Vordergründige vermieden, er spürt dem Verborgenen und Verdrängten nach, er zelebriert geradezu den Reiz des Schweigens, die Bedeutung von Blicken und Gesten und trifft damit sowohl die „Seele" des Tango als auch die unterschiedlichen Charaktere von Françoise und Jean-Claude:

Ihre schüchterne Offenheit im Kontrast zu seiner Lethargie, seine zurückgefahrene Mimik und ihr Gesicht, das mit seinem stets leicht amüsierten Lächeln das blühende Leben auszu-

drücken scheint. Die Momente des Schweigens, die Blicke, die die beiden sich zuwerfen, sagen mehr als viele Worte. Wunderbar zu sehen, wenn die beiden miteinander tanzen, wie sie nach der ersten Berührung allmählich den passenden Abstand zueinander finden, um schließlich in eindrucksvoller Haltung „von Herz zu Herz" Tango zu tanzen. Dieses Einander-Spüren, für die Tango-Kommunikation so ungemein wichtig, ist von Brizé glänzend in Szene gesetzt.

Berührung „von Herz zu Herz" – fast könnte man von der Begegnung zweier Seelenverwandter sprechen. Denn hinter Jean-Claudes augenscheinlicher Lethargie und der gezeigten Lebensfreude von Françoise schlummern Trauer und Melancholie. Jean-Claude fühlt plötzlich schmerzhaft, was es heißt, allein zu sein – und wagt leise zu hoffen.

Doch Francoise – und davon weiß er nichts – steht kurz vor der Hochzeit. Ihr zukünftiger Ehemann, ein Möchtegernschriftsteller, lieb aber trottelig, scheint wenig Interesse an seiner Verlobten zu haben – außer er benötigt mal wieder Trost und Zuspruch von ihr. Eigentlich wollte sie mit ihm zur Vorbereitung der Hochzeitsfeier den Tanzkurs besuchen, doch der Bräutigam ist nie um eine Ausrede verlegen, was Francoise verständlicherweise enttäuscht und verunsichert. Und so lernen wir Françoise als Frau kennen, die nach außen hin den Eindruck vermittelt, als wisse sie genau, was sie will, aber innerlich ganz nach etwas anderem sucht. Auch sie eine verletzte Seele auf der Suche.

Der Tango und die Kraft des Eros

Es heißt, der Tango „öffne" die Seele, er helfe, neue, vitalere Gefühle zuzulassen. Der Tango und die Liebe bewirken, wie zu erwarten war, eine deutliche Veränderung bei Jean-Claude. Von der Kraft des Eros getroffen, beginnt sich

beim zuvor so Sperrigen das Tor zu seinen Emotionen und Affekten zu weiten, was ihn aber auch verletzlicher und kränkbarer macht. Er spürt jetzt Gefühle wie Leidenschaft und Eifersucht, Ärger, Wut und Scham.

So vorhersehbar und stereotyp dieser Handlungsstrang sein mag, so einfühlsam und mit dezentem Blick für leise Komik sind solche Sequenzen in Szene gesetzt – etwa wenn Jean-Claude losgeht, um für Françoise ein Parfüm zu kaufen: „Wilde Leidenschaft" ist ihm dann doch zu heftig, sodass er sich verschämt für „Wüstenrose" entscheidet.

Die Wandlung des Protagonisten wird in den nachfolgenden Sequenzen – vielleicht etwas zu märchenhaft – aufgezeigt. Diese Szenen werden teils kräftig gezeichnet, teils zart hingetupft. Und die Ereignisse überschlagen sich geradezu.

Als Jean-Claude durch einem missgünstigen Tanzschüler von Françoises Heiratsplänen erfährt, ist er zutiefst enttäuscht. Er kann ihre Entschuldigung und das Angebot, ihm alles zu erklären, nicht annehmen. Schon auf die erste Schwierigkeit reagiert er mit gekränktem Stolz und weist sie ab. „Ich möchte sie nicht mehr sehen", bricht es aus ihm heraus, und er beschließt, den Tangokurs nicht mehr zu besuchen. Es scheint, als falle alle Leichtigkeit von ihm ab, denn da sitzt er wieder, jener Griesgram in seiner alten Starre.

Vom Erlebten bewegt

Dass der „emotionale Spalt" sich aber nicht verschließt, wird nun in dicht aufeinanderfolgenden Szenen gezeigt: Nach einer weiteren wüsten Schikane durch seinen Vater hat Jean-Claude endlich den Mut und die Energie, sich aus dieser erniedrigenden Beziehung zu lösen. Wütend schreit er: „Schluss jetzt! Du fängst an, mir auf

die Nerven zu gehen. ... Ich geh jetzt weg. Du siehst mich das letzte Mal!"

Allmählich beginnt der Kreis sich zu schließen: Jean-Claude muss die in der Anfangsszene angekündigte Pfändung samt Zwangsräumung vollziehen, und jetzt erleben wir einen Mann, dem es nicht mehr gelingt, bei solchem Tun akkurat nach dem Motto zu funktionieren: „Mach deinen Job und lass dich nicht berühren!" Diesmal geht ihm das Geschehen nahe. Wenn er beobachtet, wie die junge Frau verzweifelt das Wenige, was ihr geblieben ist, zusammenpackt, wenn sich ihre Blicke beim Verlassen der Wohnung kreuzen, schaut er mit feuchten Augen hin, ja er stört sich sogar daran, dass zwei Polizisten die traurige Situation herumalbernd begleiten, und mahnt: „Könnten Sie mit dem bescheuerten Gekicher aufhören!"

Zurück im Büro, immer noch vom Erlebten bewegt, ermuntert er in einem Moment großer Zuneigung, aber in der gewohnt ruppig-kantigen Art, seinen Sohn, aus der Kanzlei auszusteigen und nicht wie er, seine Zeit mit einem ungeliebten Beruf zu vergeuden. „Geh schon, hau ab! Du willst doch nicht auch noch in diesem Scheiß-Job hier versauern wie ich. Lass uns aufhören mit diesem Blödsinn."

Nach dem überraschenden, plötzlichen Tod des Vaters entdeckt Jean-Claude in dessen sicher verriegeltem Kleiderschrank einen ebenso gut verschlossenen Koffer, den er mit einem Schlüssel öffnet, den der Vater in seiner Jackentasche aufbewahrt hat. Darin findet er Pokale, die er als Jugendlicher im Tennis gewonnen hat und wegen denen es mit seinem Vater zu heftigem Streit gekommen ist, weil dieser behauptete, er habe die Trophäen schon lange weggeworfen.

Auch wenn diese Sequenz ziemlich platt und holzschnittartig erscheint – und vielleicht auf ein nahendes versöhnliches Ende zielt – kann

man in ihr so etwas wie eine Schlüsselszene erkennen, denn sie macht deutlich, vor welchem Hintergrund Jean-Claudes emotionale Verschlossenheit zu verstehen ist. In ihr können wir etwas von der Dynamik zwischen Vater und Sohn erahnen, von ihren gegenseitigen Erwartungen und Enttäuschungen – wortlos, verschlossen und tief in der Seele vergraben.

Einen verloren geglaubten - inneren - Schatz wieder gefunden zu haben, versöhnt Jean-Claude nicht nur mit dem „toten" Vater, mehr noch, er rüttelt ihn auf, bewegt ihn derart, dass er sich doch für das Leben entscheidet und beschließt, erneut den Tangokurs zu besuchen.

So kommt die Geschichte zu einem feinen Finale. Das Schlussbild zeigt, wie sich Jean-Claude und Françoise überrascht in der Tanzstunde begegnen. Erstaunen, ein leises Lächeln huscht über ihre Gesichter, und sie tanzen so wunderbar wie zuvor – kein Hollywood-Happy-End, sondern ein fantasievolles offenes Ende.

Und so bleibt der Zuschauer zurück mit der Ahnung, dass die beiden noch so manchen Tango tanzen müssen. Die sehnsuchtsvolle Musik des Tango ergreift die Tänzer, fordert auf zu Kommunikation und Abstimmung. Sie bewegen sich als Paar im Rhythmus, suchen den passenden Abstand, um das eigene Gleichgewicht und die eigene Achse zu halten. So wie im wirklichen Leben.

Und am Ende bleibt: ein Lächeln und ein Tanz – oder mehr.

Der Film von Brizé „Man muss mich nicht lieben" ist als DVD im Handel erhältlich.

Dieter Volk
Analytischer Kinder- und Jugendlichen-Psychotherapeut, Dozent am C. G. Jung-Institut Stuttgart. Dort Initiator der Veranstaltungsreihe „Film im Keller".

Internationale Gesellschaft für Tiefenpsychologie e. V.

www.igt-lindau.de

Herbsttagung vom 1. bis 4. November 2020 in Lindau

Vertrauen schaffen – Von Verunsicherung, Verrat und Verbundenheit

Die igt fördert mit ihrer alljährlichen Herbsttagung den interdisziplinären Diskurs und gibt den Teilnehmenden Gelegenheit, sich mit bewussten und noch unbewussten Aspekten aktueller Themen auseinanderzusetzen. Die Referentinnen und Referenten der Vormittagsvorträge werden aus Bereichen der Psychologie, der Medizin, der Theologie, der Philosophie, der Literatur und anderen Geisteswissenschaften eingeladen. Die Arbeitsgruppen an den Nachmittagen dienen der Vertiefung und der Selbsterfahrung

Kontakt: Internationale Gesellschaft für Tiefenpsychologie e.V. www.igt-lindau.de
Postfach 701080 - 81310 München
Telefon: +49-89-12417451 Fax: +49-3212-1462485
E-Mail: info@igt-lindau.de •

Ethikerklärung

Die Internationale Gesellschaft für Tiefenpsychologie e.V. – Erweiterte Gemeinschaft Arzt und Seelsorger – (igt) wurde 1949 gegründet. Die Gräuel der Naziherrschaft, die sich schon vor 1933 ankündigten und im 2. Weltkrieg einen schrecklichen Höhepunkt erreichten, die Vernichtung, Vertreibung und Ächtung von Menschen hatten menschliche Grundwerte in einem nie für möglich gehaltenen Ausmaß hinweggefegt. Die drei Begründer der igt, Prof. Dr. Wilhelm Bitter (1893-1974), Pfarrer Rudolf Daur (1892-1976) und Stadtpfarrer Hermann Breucha (1902-1972), waren der Tiefenpsychologie und Seelsorge verbunden. Sie hatten das Anliegen, Verbindungen zu schaffen, sich auf humanistische Werte zu besinnen und diese im Austausch mit anderen Berufsgruppen zu fördern. Das sind die Wurzeln der igt, das ist bis heute unser primäres Anliegen und wird es auch in Zukunft bleiben.

2019 wird die igt 70 Jahre alt. Dies nehmen wir zum Anlass, uns auf diese Wurzeln unserer Gesellschaft zu beziehen. Die Achtung der Würde jedes einzelnen Menschen, die wir angesichts der zunehmenden Verrohung in unserer aktuellen gesellschaftlichen Situation dringender denn je brauchen, ist unabdingbare Voraussetzung unseres menschlichen und beruflichen Handelns.
In Anbetracht der Bedrohung, Gewalt und Diskriminierung im gesellschaftlichen Umgang miteinander treten wir ein für Respekt, Toleranz, Solidarität, Vielfalt, Gewaltfreiheit und Mitgefühl.

Hingegen nehmen wir Fundamentalismus, Entsolidarisierung, Spaltung, Rassismus, Antisemitismus und nationalistisches Gedankengut mit großer Sorge wahr und lehnen diese ab. Sie beschädigen unsere Kultur, den Zusammenhalt in der Gesellschaft und damit auch unser aller Wohlergehen und unsere seelische Gesundheit. Sie behindern zudem die Freiheit im Dialog und in der Gemeinschaft, die wir in der igt fördern und unterstützen. Wir unterstreichen unsere globale Verantwortung für Menschen, Tiere, Pflanzen und Mitwelt. Diese humanistische Ethik war und ist die Grundlage der igt und wird es auch in Zukunft sein.

Der Vorstand – Dr. Konstantin Rößler Gideon Horowitz Margarete Leibig

70. Jahrestagung IGT - Internationale Gesellschaft für Tiefenpsychologie

Die igt Lindau hat ihre 70. Jahrestagung vom 27.10.–31.10.2019 veranstaltet, mit dem Thema:

Respekt
Von Grenzen, Gräben und Brücken

Weit über 600 Interessenten hatten sich zu diesem aktuellen und interessanten Thema angemeldet.

Die Gesellschaft igt wurde 1949 unter dem Namen „Arzt und Seelsorger" von Prof. Dr. Wilhelm Bitter, Pfarrer Rudolf Dauer und Stadtpfarrer Hermann Breucha gegründet. Angesichts der äußeren Zerstörungen und der seelischen Verwüstungen, die zwölf Jahre NS-Diktatur und der Zweite Weltkrieg hinterlassen hatten, wollten die Gründerväter einer lebensfördernden, die Würde des Menschen achtenden Haltung Raum geben.

Dieses Anliegen ist heute so aktuell wie damals und hat sich auch in der Tagung 2019 widergespiegelt. In der igt wurde bereits vor 70 Jahren auf einen interdisziplinären Austausch Wert gelegt, und das ist unser Anliegen bis heute. Es geht uns darum, sich dem Thema der Tagung aus unterschiedlichen Sichtweisen anzunähern, sei es aus tiefenpsychologischer, medizinischer, philosophischer, soziologischer, ökologischer oder spiritueller Perspektive. Das war der große Reichtum auch bei dieser Tagung. Vorträge am Vormittag und Workshops zur Vertiefung und Selbsterfahrung am Nachmittag sind der Rahmen unserer Tagung. Das o.g. Tagungsthema wurde von engagierten Referenten vorgetragen und inspirierte zum Nachdenken.

Den Auftakt machte Frau Dr. Monika Hauser, Gründerin von medica Mondiale und Frauenrechtsaktivistin, mit dem Thema: „Von Würde, Anerkennung, Solidarität. Über das Engagement von media mondiale."

Am Abend des Eröffnungsvortrags wurde der Geburtstag der igt gefeiert. Es wurden die 70 Jahre Geschichte der igt unter verschiedenen Aspekten deutlich gemacht. Prof. Verena Kast und Prof. Ingrid Riedel haben die Geschichte der igt, ihre unterschiedlichen Phasen und Bewegungen dargestellt. Zudem gab es Beiträge zu den Gründervätern, zum Singen in der igt und Wünsche für die Zukunft der igt.

Es folgten am Montag Prof. Karl-Josef Kuschel mit „Pioniere des interreligiösen Dialogs: „Martin Buber – Hugo Enomiya-Lassalle – Louis Massignon", drei Vordenker der Ökumene.

Frau Prof. Dr. Gisela Trommsdorff sprach anschließend über „Sozialisation und Normen in verschiedenen Kulturen".

Und am nächsten Tag ging es bei Prof. Dr. Barbara Stauber um „No respect? Zum Krisendiskurs um jugendliche Praktiken", bevor Dr. Franz Alt das Thema aufnahm „Respekt vor unserer Mitwelt – wie wir die Wende schaffen".

Am Mittwoch hörten wir Prof. Dr. Eckhard Frick zum Thema „Grenzverletzung und Transzendenz: Respekt", und im zweiten Vortrag am Vormittag sprach Prof. Dr. Bernhard Pörksen über „Die neue Macht der Lüge. Über Fakten und Fakes – und die konkrete Utopie einer redaktionellen Gesellschaft".

Den Abschlussvortrag hielt Frau Liane Bednarz zum Thema „Resilienz in radikalen Zeiten". Es waren sehr gute, lebendige und inspirierende Vorträge, die zu Diskussionen angeregt haben, sodass eine innovative und geistig gehaltvolle Tagung zu Ende gehen konnte. Der interdisziplinäre Austausch war gelungen.

Margarete Leibig, Vorstandsmitglied der igt

Morgeneinstimmung bei der igt Jahrestagung

Am Morgen des 30.10. hat Bernd Leibig den folgenden Beitrag in der Morgeneinstimmung vorgetragen:

Heute ist Mittwoch, der 30. Oktober. Heute ist Weltspartag. Angesichts einer kleinen Synchronizität wurde ich gebeten, heute die Morgeneinstimmung zu übernehmen, was ich gerne tue. Die kleine Synchronizität besteht darin, dass die Internationale Gesellschaft für Tiefenpsychologie, unsere IGT, 70 Jahre alt wird und ich heute auch 70 Jahre alt werde. Ich bin also mit der IGT in einer Zeit, in der noch gespart wurde, am Weltspartag geboren.

Auch Anderes wurde in diesem Jahr 70: Unser Grundgesetz, die Basis für Demokratie und die Unantastbarkeit der Würde des Menschen. Die deutsche Presseagentur dpa, ein Symbol der Meinungsfreiheit und Objektivität von Nachrichten wurde ebenfalls 70 Jahre. Allerdings wird auch der chinesische Staat, der keineswegs demokratisch genannt werden kann, in diesem Jahr 70.

Und, nicht zu vergessen: der Fischer-Dübel wurde dieses Jahr auch 70. Eine gewisse Haltbarkeit wird also schon damit assoziiert, wenn etwas oder jemand 70 Jahre wird.

Ich möchte aus diesem 70er-Anlass der Frage nachgehen, in welcher Weise einerseits Menschen altern und wie eine Gesellschaft wie die IGT altert.

Die zeitlichen Dimensionen des Alterns sind sehr unterschiedlich: Wie kurz erscheint uns das Leben der Eintagsfliege und was ist schon unser menschliches Lebensalter, gemessen an den langsamen Alterungsprozessen in der anorganischen Natur. Dennoch, und gerade wegen der scheinbaren Unvergleichlichkeit zwischen dem Altern des Steins und unserem menschlichen Altern, bleibt die gemeinsame zeitliche Dimension, bleibt uns die Betrachtung der Vergänglichkeit und des Vergehens.

Wir Menschen unterliegen einer deutlichen Abnutzung und Verschleiß: Die Haut wird faltig, weil das Bindegewebe spröder wird; das Haar wird lichter; die Zähne verschleißen trotz lebenslanger intensiver Pflege; die Sehkraft verringert sich, denn das Auge altert schon seit der Geburt. Im Alter gilt oft der Satz: gut hören tun wir schlecht, aber schlecht sehen tun wir gut.

Die Zellen arbeiten nur noch mit halber Kraft, weshalb wir uns auch nicht mehr so viel Energie zuführen müssen. Der Zellabbau ist beim jungen Menschen übrigens viel höher als beim Alten; nur ist eben der Zellaufbau noch höher als der Zellabbau und deshalb wachsen die Kinder und Jugendlichen. Alte Menschen schrumpfen und werden kleiner – zumindest was das Längenwachstum angeht. Die Regenerationsfähigkeit beim älteren Menschen ist also eingeschränkt.

Bei Gesellschaften wie der IGT kann es anders sein. Die Altersstruktur der IGT ist zwar ziemlich 70-lastig. Aber das muss ja kein Nachteil sein, wenn immer wieder jüngere Mitglieder und Tagungsteilnehmer angesprochen werden. Die Regeneration der Gesellschaft erfolgt überindividuell durch neue Mitglieder und Menschen, die sich von der Tagung angesprochen fühlen.

Eine gute Grundsubstanz von einer Gesellschaft wie der IGT trägt dazu bei, dass die Regeneration transgenerational vor sich geht.

Es scheint mir ein Charakteristikum des menschlichen Alterns zu sein, dass die Fähigkeit zu Wandlungsvorgängen abnimmt, obwohl wir uns ja mit einer Fülle von Wandlungen auseinandersetzen müssen. Technische Neuerungen und neue Moden tauchen ständig auf. Es kommt zu Änderungen im persönlichen Umfeld, wie das Ende der Berufstätigkeit, oder Beziehungen ändern sich oder uns nahe stehende Menschen sterben.

Die häufig dargestellte symmetrische Lebenstreppe, die genauso lang hinauf- wie auch wieder hinabführt, ist zwar ein verständlicher Euphemismus, der aber nur selten unserer Lebenswirklichkeit entspricht. Nach dem Lebenshöhepunkt treten die körperlichen oder auch geistigen Einschränkungen oft mit unglaublicher Geschwindigkeit auf. Die IGT hat die Zeichen der Zeit meist recht gut erkannt und die notwendigen Wandlungen vollzogen und befindet sich wohl auf einem guten Plateau auf der Treppe.

Auch die häufig anzutreffende Glorifizierung des Alters im Sinne von zunehmender Reife und Altersweisheit entspricht nur allzu oft mehr dem Wunsch als der Wirklichkeit.

Es ist natürlich unser Wunsch, dass menschliche Entwicklung und Reifung sich in Altersweisheit entfalten kann, dass die Chance des Alters genutzt werden kann, um noch einmal etwas anders zu machen, was – aus welchen Gründen auch immer – früher nicht möglich war, dass es gelingt, etwas zu korrigieren, ohne zu meinen, wir könnten das Gewesene ungeschehen machen.

Urteile und Vorurteile können aufgegeben werden, die in der Jugendzeit und in der Mitte des Lebens vielleicht funktional wichtig waren, etwa um sich abzugrenzen, durchzusetzen, aufzublähen, erfolgreich zu sein.

In unserer Sprache der Analytischen Psychologie würden wir es so ausdrücken: Wir möchten uns im Alter auf der Ich-Selbst-Achse so bewegen können, dass der Schatten und die Komplexe ein wenig von ihrer Wirkkraft verloren haben und wir mehr Übereinstimmung mit uns selbst gefunden haben.

Im Alter etwas anders zu machen als in den früheren Jahren, misst sich aber oft noch zu sehr am Vergleich mit früher. Was kann ich nicht mehr, was konnte ich früher noch viel besser. Ich selbst etwa merke beim Wandern in den Bergen, dass die Berge im Vergleich zu früher immer steiler werden.

Gegen das Altern gibt es kein Heilmittel. Altern ist ja keine Krankheit.

Gelée royale, Goldelixiere, Bachblütenessenzen und jogging for my life, alle Pasten und Salben, Vitamine in Überdosis, Jungfrauenblut, Jungbrunnen und auch nicht C. G. Jung, – alles hilft nicht gegen das Altern.

Aber Vergänglichkeit ist ja nicht immer schlecht. Glücklicherweise geht auch mal was kaputt oder wird unmodern. Eine schreckliche Vorstellung: ich müsste noch immer im stinkigen, beengten VW-Käfer der 50er Jahre in Richtung Italien fahren. Oder Lübke wäre noch Bundespräsident und Helmut Kohl sein Kanzler. Manche Dinge vergehen gar nicht schnell genug.

Es ist gut, im Alter das ganz Eigene dieser Lebensphase mehr in den Vordergrund zu stellen. Das Alter hat seine eigene Schönheit. Denken Sie an manche markante verwitterte Charakterköpfe.

Das Alter hat gerade aufgrund der Nähe zum Tod seine eigene „Durchlässigkeit für Spirituelles", wie Ingrid Riedel es nennt (I. Riedel, 2009: Die innere Freiheit des Alters, Patmos. S. 123). Wir finden auch in der IGT: die Offenheit für Religion und Spiritualität.

Und wie ist es nun mit dem Altern der IGT?

Die Schönheit und Attraktivität der 70-jährigen IGT liegt in der

· Wachheit für gesellschaftliche Themen, in der
· Offenheit für Begegnungen, in der
· Interdisziplinarität, letztlich in der
· conjunctio oppositorum, der Verbindung der Gegensätze.

Die IGT ist eine ganz flotte Alte, die gelassen der Zukunft entgegensehen kann.

Eine Gelassenheit im persönlichen Altern kann entstehen, wenn wir nicht unter dem Verdikt stehen, loslassen zu müssen. Das Eigene des Alters entsteht viel mehr, wenn wir das Gefühl des Loslassen-Dürfens haben.

In diesem Sinne könnte der ausgeschöpfte Archetyp des menschlichen Alterns sein, wenn das Eigene des Alters gesehen, gespürt, anerkannt und verinnerlicht ist. Das wäre Individuation im Alter. Es geht darum zu lernen, wie es Jung nannte „den ganzen Becher in Schönheit zu leeren." (Jung, GW 8, § 789, zit. in Riedel, S. 146)

Das wäre ein Stück Weisheit. Die Problematik beim Archetyp des oder der alten Weisen liegt aber in der Verknüpfung von alt und weise. Wir

sollten die Alten nicht auf Weisheit verpflichten, sondern es geht darum, die wirkliche Freiheit des Alters auszuschöpfen.

Es gibt also keine zwangsläufige Identität von Alter und Weisheit. Zum Glück gibt es auch alte Weise, Menschen, die im Laufe des Lebens wirklich klug, lebensklug und reif geworden sind. Dieses Erreichen von Altersweisheit entspricht ja oft so sehr unserem Wunschbild.

Wenn wir uns aber umschauen, müssen wir feststellen, dass Starrsinnigkeit, fehlende Flexibilität, Rigidität und Sturheit im Alter leider viel häufiger um sich greifen als es das Idealbild des Alterns uns suggerieren möchte. Der Archetyp des alten Weisen beinhaltet eben auch die Möglichkeit, dass der Alte ein ganz schön sturer Bock sein kann.

Es gilt aber auch der Satz des Paracelsus, der auf die unterschiedlichen Lebensphasen bezogen ist: „Wer glaubt, alle Früchte würden mit den Erdbeeren reif, der versteht nichts von den Trauben."

Das Alter erlaubt eine Rückschau auf Vergangenes. Und es ist den Älteren Kontroversen eröffnet. oft eher gegeben, das Gelungene und Schöne mehr in den Vordergrund zu rücken, als dies bei jüngeren Menschen der Fall ist. Vielleicht hat das ein bisschen den Charakter von Verklärung. Das wäre doch ein schönes Privileg des Alters: verklären zu dürfen. Sich die innere Erlaubnis zur Verklärung zu geben. So richtig aus dem Bauch heraus die guten alten Zeiten hochleben zu lassen.

In diesem Sinne könnte man den häufig zitierten Spruch auch verstehen: Es ist nie zu spät für eine glückliche Kindheit. Es liegt an uns, ob und wie viel wir uns gestatten, nicht alles im harten Licht der Objektivität zu betrachten.

Am Sonntag haben wir gemeinsam Rückschau auf die Geschichte und die Wurzeln der IGT gehalten. Ich habe bemerkt: Die IGT hat gar nicht so viel Verklärung nötig. Soweit ich das überblicke – und das sind bei mir auch schon ein paar Jahrzehnte – war die flotte Alte IGT auch in früheren Jahren schon attraktiv für aufgeschlossene, suchende Menschen und hat ihnen einen Möglichkeitsraum für Austausch, Diskussion und Kontroversen eröffnet.

Die IGT hat es gut verstanden, die Vorteile zu nutzen, die das Altern von Gesellschaften ermöglicht. Sie hat ihre Basiswerte wie Respekt, Toleranz und Vielfalt erhalten und sie ist bereit zum Wandel. Ich werde mir vielleicht ein Stück von der IGT abschneiden.

Es unterliegt nur zum Teil unserer Bemühung, den vollen Geschmack der Trauben erleben zu können, und zum anderen Teil ist es einfach eine Gnade, diesen Zustand erreichen zu dürfen.

Wenn Altern so gelingt, wie es in einem von mir gerne gehörten Lied von Konstantin Wecker anklingt, können wir uns nur glücklich schätzen:

Dem Weinstock werden die Reben
im Herbst so furchtbar schwer,
und um zu überleben
gibt er sie einfach wieder her.

Das mag ich so an den Bäumen:
ihr Wissen um Sterben und Sucht.
Was sie sich im Frühjahr erträumen,
verteilen sie später als Frucht.

Bernd Leibig

Impressum

Jung-Journal – Forum für Analytische Psychologie und Lebenskultur
Jahrgang 23, Heft 43, April 2020
ISSN: 1867-4690
ISBN: 978-3-939322-43-6

Bankverbindung
opus magnum, IBAN: DE60 6001 0070 0570 3447 02
BIC: PBNKDEFF

Halbjährliches Erscheinen im April und Oktober
Ein Jahresabonnement mit 2 Heften kostet z. Zt. € 15,- incl. Versandkosten.
Bestellungen über:
Internet: www.jung-journal.de
E-Mail: mail@jung-journal.de

Postadresse: opus magnum - Hirsauer Str. 39 - 70569 Stuttgart

Redaktion
Prof. Dr. Lutz Müller, Anette Müller,
Petra Kullmann, Margarete Leibig, Bernd Leibig, Dieter Volk

Layout: Lutz Müller, Barbara Fischer
Texte zwischen den Artikeln: Lutz Müller, Anette Müller
Druck: Kohlhammer Stuttgart
Verlag: opus-magnum
opus-magnum.de

Webmaster
Walter Fleritsch

Bildnachweise: Wenn nicht anders angegeben, stammen alle Abbildungen
aus lizenzfreien Quellen des Internet oder aus Privatbesitz.

Titelbild: (shutterstock.com)

Die Inhalte der Artikel geben nicht unbedingt die Meinung der Redaktion wieder.
Für unverlangt eingesandte Manuskripte übernehmen wir keine Haftung.

C. G. Jung: Mensch und Seele
Aus dem Gesamtwerk 1905-1961 ausgewählt
und herausgegeben von Jolande Jacobi
Patmos-Verlag 2019, 374 Seiten, € 49,00
ISBN-13: 9783843611923

Diese neu herausgegebenen Texte, die Jolande Jacobi (1890-1973) bereits 1970 veröffentlicht hat, zeigen in vielen kürzeren und längeren Zitaten einen ganz großen Reichtum aus dem Gesamtwerk von C. G. Jung (1875-1961). Er beschäftigte sich in seiner Theorie umfassend mit dem Thema Sinn und Sinnfindung, was in vielen seiner Zitate in dem Buch deutlich wird. In unserer derzeitigen Zeit leiden viele Menschen unter Desorientierung, Verflachung des Lebens, Konsumorientierung, unter digitaler Überflutung und Sinnverlust.

Die Erstausgabe war bereits im Jahre 1945 vom Rascher Verlag Zürich unter dem Titel „Psychologische Betrachtungen" erschienen. 1971 gab es die 3. Auflage im Walter Verlag, mit dem Titel „Mensch und Seele". Jolande Jacobi hat damals 1970 das Vorwort geschrieben, das überaus aktuell ist.

Sie schreibt damals, also 1970:
„Rund ein Vierteljahrhundert ist seit dem ersten Erscheinen dieses Buches vergangen. Das Antlitz der Welt hat sich seither in mancher Beziehung verändert, aber das Wesen der menschlichen Seele, ihre Leiden und ihre Ängste, ihre Freuden und Sehnsüchte, sind die gleichen geblieben. Vielleicht sind sie sogar zahlreicher und vielfältiger geworden, vielleicht etwas umfassender und dem Bewusstsein näher gerückt, doch ihre Ergründung lässt nach wie vor zu wünschen übrig. Die Psychologie und besonders jene, die man Tiefenpsychologie nennt, hat große Fortschritte gemacht, sie wird zum Verstehen des Seins und Soseins immer häufiger herangezogen. So werden auch die tiefschürfenden Schriften von C. G. Jung immer aktueller und gesuchter."

Und es stimmt, was Jolande Jacobi bereits damals geschrieben hat, es werden im 21. Jahrhundert mehr denn je Sinnfragen gestellt. Deshalb lohnt es sich, dieses Lesebuch in die Hand zu nehmen und aufzuschlagen.

Teil 1 beginnt mit einem Gedicht von Goethe (1. Strophe aus „Gesang der Geister über den Wassern):

„Des Menschen Seele
gleicht dem Wasser:
Vom Himmel kommt es,
zum Himmel steigt es,
und wieder nieder
zur Erde muss es.
ewig wechselnd."
…

Das Buch „Mensch und Seele" ist in vier große Teile gegliedert, die ihrerseits verschiedene Unterkapitel haben.

Teil 1: Wesen und Wirken der Psyche, mit den Unterteilungen: Bekenntnis zur Seele / Bewusstsein und Unbewusstes / Die Urbilder / Der Traum

Teil 2: Der Mensch in seinen Beziehungen: Arzt und Kranker / Mann und Frau / Jugend und Alter / Der Einzelne und die Gemeinschaft

Teil 3: Das Reich der Werte: Erkennendes und schöpferisches Sein / Probleme der Selbstbesinnung / Zwischen Gut und Böse / Vom Leben des Geistes

Teil 4: Von letzten Dingen: West-östliche Sinngebung / Das Werden der Persönlichkeit / Schicksal und Erneuerung / Der Weg zu Gott

Nun ist die Frage, wie können wir mit solch einem überaus klugen „Lesebuch" umgehen?

Nachdem ich zunächst von Anfang an gelesen habe, mich den Texten hingegeben habe, spürte ich: Am meisten nährt es mich, wenn ich ein Zitat lese und darüber meditiere; z. B. über den Text:

„Da Psyche und Materie in einer und derselben Welt enthalten sind, überdies miteinander in ständiger Berührung stehen und schließlich beide auf unanschaulichen transzendentalen Faktoren beruhen, so besteht nicht nur die Möglichkeit, sondern sogar eine gewisse Wahrscheinlichkeit, dass Materie und Psyche zwei verschiedene Aspekte einer und derselben Sache sind." (GW 8, § 418)

Ebenso ging ich mit dem Text auf Seite 199 um: „Ich betrachte den Betrieb der Wissenschaft nicht als einen Wettkampf ums Rechthaben, sondern als eine Arbeit an der Mehrung und Vertiefung der Erkenntnis." (GW 5, § 685)

Hier scheint es mir sinnvoll einzufügen, dass C. G. Jung in einem tiefen und sehr umfangreichen Austausch mit Wolfgang Pauli stand, dem Naturwissenschaftler und Physiker und Nobelpreisträger. Diese beiden wachen und leidenschaftlichen Wissenschaftler konnten sich ganz sicherlich an der Mehrung und Vertiefung ihrer Erkenntnis, und auch der gemeinsamen Erkenntnis, freuen!

Die ganz große Kraft dieses Buches ist – und das gilt generell für die Analytische Psychologie – die Polaritäten des menschlichen Seins zu verbinden und darüber hinaus die Transzendenz als Möglichkeitsraum mitzudenken, mitzufühlen, ja überhaupt zuzulassen.

„Mensch und Seele" ist ein sehr umfangreiches und inhaltlich reiches Buch, mit dem umzugehen sich lohnt, das uns durch seine schöpferischen Impulse inspiriert und das ich gerne, sehr gerne, weiter empfehlen kann.

Margarete Leibig

Verena Kast
PAARE
Wie Beziehungsphantasien
unsere Liebe prägen
Patmos Verlag (2019)
ISBN 978-3-8436-1191-6
184 Seiten, 20,00 €

Die Liebe im Spiegel der Mythen zu betrachten ist eine Möglichkeit, sich mit viel Gewinn für ein archetypisches Thema zu interessieren, das sowohl für die eigene psychische Entwicklung als auch für die Paarbeziehung von Bedeutung ist. Nachdem Verena Kasts Buch „Paare" jetzt seit 35 Jahren auf dem Markt ist – vor zehn Jahren in überarbeiteter Neuausgabe herausgebracht, – wurde es jetzt nochmals neu aufgelegt.

Die Autorin zeigt am Beispiel eines Träumers, der frisch verliebt ist, einen wesentlichen Gedanken der Paarbeziehung auf:

„Jeder Mensch, der uns fasziniert, liebt etwas aus uns heraus, spricht etwas in unserer Psyche an, was dann ins Leben hereingeholt werden kann. Was einmal ausgesprochen ist, verändert unser Leben und uns selbst. Auch, wenn wir uns von einem Menschen trennen, bleibt das, was er aus uns heraus geliebt hat, was er in uns angesprochen und damit auch ins Gespräch gebracht hat, etwas, was uns nicht mehr verloren gehen kann, was zu unserer Lebensgeschichte gehört, was uns neue Aspekte von uns selbst erfahrbar und erlebbar gemacht hat. Wenn wir uns das bewusst machen, verlieren wir mit Beziehungen, die sich lösen, nicht immer auch uns selbst."

Über die indische Mythologie mit ihrem Schöpfergott Brahma und seinen verschiedenen

Aspekten, Vishnu und Shiva, werden die Leser/-innen in das Werden der Beziehung im Götter-Paar-Modell **Shiva und Shakti** eingeführt und damit auch in die Lebendigkeit der indischen Mythologie. Bei Shiva und Shakti wird das Paar in ewiger Umarmung gezeigt, die sich einander genügen, ganz abgeschlossen zur Außenwelt hin. Das Paar ist Symbol einer Ganzheit, in der das Trennende gemieden wird und das Bedürfnis nach Ungetrenntem im Vordergrund steht.

Im Ergebnis erzählt der Mythos: „ ...dass ohne die Liebe der ganze Zyklus von Werden, Bestehen und Vergehen nicht möglich wäre." Hier ist das Prinzip des Trennenden wieder ein Aspekt, der zur Liebe dazugehört.

„Von der Sehnsucht, sich seinen Partner nach seinem Bilde zu formen", ist ein Beziehungs-Modell, in dem **Pygmalion** seine Frau aus Elfenbein zu formen sucht. „Nicht ein Gegenüber sucht Pygmalion, sondern eine Frau, die er gestaltet, wie er sie sich vorgestellt hat." Es ist eine Beziehungsfantasie, in der sich Menschen nicht gesehen fühlen können. Diese Form von Paarbeziehung gibt es auch heute noch, wenn z. B. Männer und Frauen am andern herummäkeln, ... sie oder ihn einfach anders haben wollen.

Positiv gesehen werden am andern jedoch auch Facetten herausgeliebt. Entscheidend ist, so wird herausgearbeitet, dass beide als Paar Schöpfer sein dürfen. „Auch wird in diesem Mythos klar, wie nahe das lebensfördernde Bild der Liebe und das lebenshemmende Bild der verratenen Liebe beieinanderliegen."

Im weiteren Verlauf des Buches werden weitere archetypische Paarkonstellationen vorgestellt und in ihrer Bedeutung entfaltet.

Ištar und Tammuz: die Liebesgöttin und ihr jugendlicher Held. Hier verliebt sich eine ältere Frau in einen deutlich jüngeren Mann. Was kann es für sie bedeuten, neu ihre Leidenschaft zu entdecken und zu leben und was für ihn? Die Rhythmen des Lebens, wie Verena Kast es nennt, der Frühling und der Tod, sie werden hier besonders deutlich.

Rivalisieren als Beziehungsmuster wird am Beispiel von **Zeus und Hera** aufgegriffen. Es dominiert das Muster: Wie Du mir, so ich Dir! Verena Kast zeigt sehr gut auf, wie mühsam Veränderungen in diesem Streit-Muster sein können. Entwicklung hat es bei einem Paar gegeben, und das ist eindrücklich dargestellt, wenn intrapsy-chische Sichtweisen verstanden werden und unter Anleitung neue Verhaltensweisen gelernt werden. Zeus und Hera im Streit in mir, das ist der neue Weg in der Paarbeziehung, der gefunden werden will.

Eine weitere häufige Paarkonstellation sind **Merlin und Viviane**: der alte Weise und das junge Mädchen.

Beide, sowohl Merlin als auch Viviane werden im „Waldbereich" gesehen, als Gestalten, die Entwicklungspotenzial aus der Wildnis für sich finden. Er ist zunächst der Wissende und Weise, während sie seinen Zauberkünsten voller Staunen und Faszination zuschaut und immer mehr diese Kräfte kennenlernen will.

Er wiederum lernt, sein Alter und sein Turm-Dasein hinzunehmen. Für die Frau ist es letztendlich ihr Weg der Emanzipation, ihr Weg in die Autonomie. Merlin als Meister der Wildnis kann mit den Möglichkeiten der Fantasie, mit Imaginationen und Bildern umgehen. Was brauchen wir von Merlin heute? Das kann unser Gewinn sein, dass wir nicht nur dem Logos huldigen, sondern die Bilder und Fantasien, auch unserer Intuition Raum zur Entfaltung geben.

Ein weiteres Thema ist die Konstellation **Brudermann und Schwesterfrau**: die Beziehungsfantasie der Solidarität und Gleichwertigkeit.

Sie wird am Beispiel eines Paares dargestellt, das aus einer leidvollen Streitehe herauswachsen kann, neue Räume findet und die Sexualität mit einschließt. Das ist im Übrigen eine Stärke in diesem Buch, dass sowohl die Realität von Paaren angesprochen wird, ihre Sackgassen und ihre Wandlungsmöglichkeiten, als auch wunderbare literarische Texte mit aufgenommen werden. Das **Hohe Lied der Liebe** im letzten Beispiel oder Goethes Verse von **Hatem und Suleika** und viele andere Texte mehr.

Es macht Freude, diese Texte zu lesen, und gleichzeitig werden Nachdenklichkeit und Nachspüren der eigenen Beziehungsmuster angeregt.

Im letzten Kapitel, das gegenüber dem Text der Auflagen 1984 bis 2002 deutlich verändert ist und die Entwicklung der letzten Jahrzehnte im Konzept von Anima und Animus vorstellt, werden grundlegende Aspekte zu diesem Thema diskutiert. **Anima und Animus** werden als archetypische Facetten sowohl bei der Frau als auch beim Mann verstanden.

Erfreulich ist, dass gesellschaftliche Veränderungen des heutigen Frau-Seins, Berufstätigkeit und Karrierestreben selbstverständlich geworden sind. Ebenso realisieren Männer ihr Vater-Sein, z. B. in der Elternzeit. Verena Kast weist darauf hin, dass über die Anima-Animus Projektionen zu Beginn einer Beziehung auch die Visionen eine Bedeutung haben. Sie beleben uns, selbst wenn sie sich als Illusion erweisen. Es wird zudem auf die Bedeutung hingewiesen, dass Anima und Animus in unserer Psyche als Paar wirksam sind. Die intrapsychische Verbindung der beiden archetypischen Möglichkeiten kann uns für die Liebe auf Dauer öffnen, wonach wir uns letztendlich sehnen.

Das Buch zu lesen macht Freude, es ist eine Begegnung mit Gefühlen, mit der Liebe, ist seelische Bereicherung für einen selbst und für die Paarbeziehungen, die wir auch beruflich kennen. Ich empfehle es sehr gerne zur Lektüre!

Margarete Leibig

Friedel Kloke-Eibl
Tanz und Klang und tiefe Stille
Meditation des Tanzes
Verlag opus magnum 2019
ISBN: 978-3-95612-026-8
212 Seiten, 22,00 €

Ich war in etwa Mitte dreißig, als ich erstmals auf Tänze von Friedel Kloke-Eibl stieß. Damals war ich noch jung und tanzte voller Leidenschaft. In Friedels Tänzen begegnete mir etwas Neues, das mir im Tanz so intensiv bislang nicht zugänglich geworden war. Ich erlebte ihre Tänze außergewöhnlich tief, je konzentrierter und wachsamer ich mich in sie hinein zu tanzen wagte. Wenige Jahre darauf lernte ich Friedel dann auch persönlich kennen.

Heute, viele Jahre später, freue ich mich, ihr Lebenswerk in der Gestalt eines Buches in Händen halten zu dürfen. Mir scheint ihr Buch ein gelungener Spiegel geworden zu sein für ihr Lebenswerk, das sie weltweit geschaffen hat und mit ihm einhergehend für ihr Wesen, aus dem heraus es entstanden ist. Durch das Buch scheint ein Mensch von außergewöhnlicher Tiefe und Weite hindurch. Es beschreibt die Vielseitigkeit und Vielschichtigkeit eines Menschen, einer Frau, die in ganz unterschiedlichen, teilweise hochkomplexen, Tanzschöpfungen ihren Ausdruck finden konnten. Es lässt einen politischen Menschen sichtbar werden, der sich weltweit, tatkräftig und ohne Scheu für Frieden und Gerechtigkeit einzusetzen versucht. In dem Buch kommt mir ein mystisch geprägter Mensch entgegen, der Zeit seines Lebens außen und innen, Himmel und Erde, nah und fern, unten und oben, vor und zurück, Dunkel und Hell, Männ liches und Weibliches, Geistiges, Künstlerisches und Religiöses zu verbinden versucht.

Friedel Kloke-Eibl (geb. 1941) ist Mutter von 3 Kindern, Tänzerin, Choreografin, Fremdsprachensekretärin, Dolmetscherin, Philosophin und Künstlerin zugleich. Sie entwickelte die von Prof. Bernhard Wosien begründete „Meditation des Tanzes – Sacred Dance" weiter. Dieser war ebenfalls Tänzer, Choreograf, Philosoph, Maler und Lebenskünstler. Die „Meditation des Tanzes" trägt eine geistige Ausrichtung in sich und beinhaltet die religiöse Dimension. Sie will nicht primär zweckgebunden, sondern vor allem sinnerfüllt sein. Durch sie kann auf besondere Weise die enge Verwobenheit von Körper, Seele und Geist spürbar werden. In ihr verbinden sich geistige Sinnsuche, körperliche wie emotionale Sinnlichkeit und das Erleben der Wirklichkeit mit allen Sinnen. Neben Schönheit und Weisheit birgt sie ein liebevolles Miteinander in sich. In ihrer weiten und tiefen Gestalt ist sie allumfassendes Gebet. Sie erschließt sich dem Menschen in einer Art Einweihungsweg.

Wie auch bei Wosien liegen Friedel Kloke-Eibls tänzerische Wurzeln im Klassischen Ballett. Seit dem 5. Lebensjahr ist sie vertraut damit. Im Einweihungsweg der „Meditation des Tanzes" werden diese Wurzeln gut sichtbar. Er vollzieht sich, angelehnt an die Positionslehre des Klassischen Tanzes, als 3-Stufenweg. Die erste Position ist die des Lehrlings, die zweite die des Gesellen, die dritte die des Meisters.

Alle 3 Stufen werden in der Gestalt der „Méditation en croix" durchlebt. Diese fordert tägliches Training, Hingabe und auch das Annehmen von Schmerzen. Ähnliches begegnet uns auf dem Kreuzweg Jesu. Jedem Menschen, dem eigene Kreuzwege im Leben vertraut geworden sind, werden gleiche oder ähnliche Aspekte bekannt vorkommen. Die Zielsetzung der „Méditation en croix" ist eine geistige. Sie sehnt sich nach der Vereinigung mit dem göttlichen Ursprung.

In ihrem Buch schreibt Friedel Kloke-Eibl des Weiteren über den rhythmischen Schwung und den poetischen Melos, über Schönheit und Anmut, Träume und Symbolik, über die Unterscheidung von Wissen und Erkennen, Didaktik, Methodik und den „pädagogischen Eros". Sie macht die Suche nach Harmonie und Frieden zum Thema, das Kreistanz-Lehren und -Lernen. Sie äußert sich zu ihren Tanzschöpfungen, wie sie aus ihr heraus entstehen und sich Tanzenden, Hörenden und Schauenden sowie Lesenden erschließen können. Dies zeigt sie an einzelnen Beispielen auf. Durch ihre Tänze scheint die Persönlichkeit einer großen Künstlerin hindurch. Des Weiteren erzählt das Buch von ihrem Einsatz und ihr Herz für die Kinder dieser Erde, die in großer Not sind. Mit acht Jahren bereits wurde der Wunsch dazu in ihr geboren. Das Buch berichtet von der Gründung des gemeinnützigen Vereins Stichting Favela-Kinder, der Entstehung und den Aufbau ihrer Favela-Projekte, die ganz besonders auch von ihrer Tochter Saskia mitinitiiert worden sind und stark mitgetragen werden.

Menschen, die sich für die Geheimnisse des Lebens interessieren, kann sich im Lesen des Buches einer der vielfältigen Wege dorthin erschließen. In der Persönlichkeit der Autorin verbinden sich ihrer eigenen Art und Weise entsprechend Zugang, Weg und Zielrichtung. Das Werk spiegelt ganz unterschiedliche innere und äußere Aspekte von Leben wider, die sich im Laufe eines reichen Lebens immer mehr zu einer stimmigen Einheit und Ganzheit zusammengefügt und weltweit Ausstrahlung gefunden haben. Diese zeigt seit vielen Jahren wie auch im Hier und Jetzt intensive Wirkung.

Sabine Grumann

Müller, L. / Müller, A. (Hrsg.)
Quintessenz – Wozu es sich lohnt zu leben.
Band 1 : Therapeut*innen ziehen Bilanz
388 S., €19,90, Stuttgart: opus magnum
ISBN: 978-3-95612-025-1

Bekannte Autor*innen und Psychotherapeut*innen sollten zwei Fragen beantworten. Die erste Frage war, was sie aufgrund ihrer Lebenserfahrungen für eine Bilanz ziehen im Hinblick auf das, was ihnen Sinn gegeben hat und – die zweite Frage –, was sie davon als wesentliche Einsichten gerne an ihre Mit- und Nachwelt weitergeben würden. Geantwortet haben:

Adam, Klaus-Uwe	Meier-Seethaler, C.
Aichele, Klaus	Müller, Anette
Berkenbusch-Erbe, I.	Müller, Lutz
Betz, Otto	Rafalski, Monika
Dorst, Brigitte	Rasche, Jörg
Grumann, Sabine	Riedel, Ingrid
Guggenbühl, Allan	Roesler, Christian
Hofsommer, W.	Romankiewicz, B.
Horowitz, Gidon	Rößler, Konstantin
Jäger, Walter	Sauer, Gert
Jans-Scheidegger, F.	Schlegel, Mario
Kaufmann, Rolf	Schnocks, Dieter
Knoll, Dieter	Seifert, Theodor
Kuptz-Klimpel, A.	Seifert, Ang Lee
Leibig, Bernd	Stein, Murray
Leibig, Margarete	Vogel, Ralf T.
Lesmeister, Roman	Walch, Gerhard M.
Lutz, Christiane	Wirtz, Ursula

Verlagsankündigung

Brigitte Romankiewicz
Der Blick des Christophorus oder:
Was ist Christus? Versuch einer Annäherung
192 Seiten, Preis: € 9,99
25 farbige Abbildungen
Verlag: Opus Magnum, 2019
ISBN: 978-3-95612-020-6

Wir dürfen die Autorin begleiten auf einer sehr eigenen, eigenwilligen, einer sehr persönlichen Suche nach „Christus". Sie sucht weit weg von offiziellen Lehrmeinungen und eingewöhnten Mustern, lässt sich leiten von ihrer inneren Stimme, von Inspirationen, von Winken, Begegnungen, Erfahrungen mitten im alltäglichen Leben: Von Dingen, Bildern, Geschichten, Träumen, die ihr zufallen und so in das symbolische Leben der Seele hineinspielen.

Denn: Was „Christus" bedeutet – hat man es womöglich noch gar nicht richtig verstanden, wie einst der Dichter Christian Morgenstern vermutete?

So macht sie sich auf – jenseits sicherer Begriffe und fester Routine – zu einer unkonventionellen Forschungsreise, die auf die Kraft symbolischer Verweisungszusammenhänge vertraut.

So, wie ihr schon bei ihren früheren Arbeiten über Hoffnung, über das Wirken der göttlichen Sophia und das Weibliche in der Religion, über Maria und Schwarze Madonnen Bilder zu Wegweisern wurden, so gewinnt bei der Suche nach dem, was „Christus" ist, auch jetzt eine Figur wegweisende Funktion: Christophorus. Schon seit längerer Zeit ziehen sie seine Darstellungen an, sie sammelt geradezu Bilder von dem Riesen, der nur dem Mächtigsten dieser Welt dienen wollte. Auch seine Geschichte fasziniert sie: Bei jedem, der ihn in Dienst nimmt, kommt der Punkt, an dem er erlebt, dass dieser sich vor einem noch Mächtigeren fürchtet – selbst der Teufel ergreift die Flucht vor einer noch mächtigeren Kraft: Christus.

Wer also ist dieser mächtige Christus? Wo ist er zu finden? Um das zu erfahren, folgt Christophorus dem Rat eines Einsiedlers und fängt an, mit seiner Riesenstärke nicht den Mächtigen, sondern den Schwachen zu dienen: Denen, welche aus eigener Kraft nicht über einen gefährlichen Fluss hätten kommen können, hilft er hinüber. Und eines Tages ist da ein kleines, hilfloses Kind, das er auf die Schultern nimmt: Eine scheinbar leichte Aufgabe – die unversehens zu einem lebensbedrohlichen Abenteuer für den starken Mann wird, zum entscheidenden Wandlungserlebnis.

Viele Maler haben diesen dramatischen Moment versucht zu gestalten. Die Autorin jedoch zieht besonders eine Darstellung des geheimnisvollen Meisters von Messkirch in Bann: Auf einem Seitenflügel des berühmten Falkensteiner Altars sieht man einen Christophorus, der seinen durchdringenden Blick direkt auf den Betrachter heftet. Dieser Blick trifft. Er ist von solcher Intensität, dass er den ihn Anschauenden zu fragen scheint: „Siehst du, was hier gerade mit mir geschieht? Fühlst du, wie dieser scheinbar kindlich-schwache Wicht auf meiner Schulter mich in existenzielle Bedrängnis bringt, wie er mich in jeder Faser meines Seins diese unbegreiflich gewaltige, schöpferisch-umstürzende Macht spüren lässt, die von einem Augen-Blick zum anderen alles verwandelt?"

Dieser Blick, diese Figur und ihre Geschichte wird für Brigitte Romankiewicz zum Initialmoment ihres Annäherungsversuchs an das Geheimnis des großen Symbols, welches das Christentum „Christus" nennt.

Dabei mischen sich unversehens weitere, andere Bilder und Figuren aus dem spirituellen Kosmos auch anderer Zeiten und Kulturen ein: Der indische Buddha, der ägyptische Osiris, gar der germanische Odin, und natürlich auch Dionysos, die eigenen Träume, die auf ihn verweisen, auf ihn und auf Laubmasken in verborgenen Räumen einer alten Kirche. Dazu die Vision C. G. Jungs vom grüngoldenen Christus: Sie alle öffnen den Hintergrund, den Durchblick auch auf den kosmischen, auch den erdverbundenen

„grünen Christus", der die Erde nicht als Jammertal überwinden, sondern in die große Liebe miteinschmelzen will, welche die Liebe zu Gott mit der Liebe zur Welt vereinigt. „Christus" aber auch als das im Menschen manifest gewordene Unsterbliche, das als Erkenntniskraft, als „geistiges Sehorgan", als innerer „Genius" oder „Daimon" (Platon) dem Menschen innewohnt und seinen je eigenen Weg weist: Auch hier wieder ein Traum von C. G. Jung, vom Yogin in der Feldkapelle, in dem er sich selbst erkennt. All diese Bilder, Träume, Erfahrungen erlauben einen veränderten Blick auf das, was wir „Wirklichkeit" nennen. Einen Blick, der über alle Begrenzungen hinausführt auf ein Geistiges, das aber nicht abhebt, sondern uns in seiner elementaren, alles verbindenden und zugleich transzendenten Kraft für dieses irdische Leben stärkt und immer neu befähigt.

Die Autorin beschenkt uns mit einer Fülle von Bezügen, die in die Tiefe, in den verdrängten Untergrund der religiösen Überlieferung eindringen und sowohl protestantische Nüchternheit als auch alle überkommene Sündentheologie überschreiten möchten und religionsübergreifende Horizonte eröffnen. Zusätzlich bereichert werden ihre Reflexionen durch die differenzierte Betrachtung ausgewählter traditioneller Christussymbole in Menschen-, Tier- und ornamentaler Gestalt, und schließlich durch einen sehr persönlichen Versuch der Autorin, ihrer im Prozess der Auseinandersetzung gewonnenen Einsicht ebenfalls bildsymbolische Gestalt zu geben. Eine wichtige Ermutigung für den Leser, auch in großen religiösen Fragen eigenen Perspektiven und Deutungen zu vertrauen.

Gerhard Deny

Friederike von Tiedemann (Hrsg.)
Versöhnungsprozesse in der Paartherapie
Ein Handbuch für die Praxis
Junfermann Verlag, ISBN 978-3-95571-679-0

Der in Freiburg lebenden Paar- und Familien-psychotherapeutin Friederike von Tiedemann ist es gelungen, ein wesentliches Thema für soziales Miteinander und insbesondere für Paarbeziehungen aufzugreifen. Sie konnte überaus kompetente KollegenInnen für dieses Buch gewinnen, die mit vielen praktischen Bei-spielen Möglichkeiten aufzeigen, den Weg der Versöhnung und des Verzeihens überhaupt an-zudenken. Wir alle, die wir in der Paartherapie arbeiten, kennen die Haltung, „Ok. dann nicht, dann trennen wir uns halt!" Der oft mühsame Weg, – wie konnte es zu den Verletzungen kom-men, was hat in der Beziehung gefehlt – , wird mitunter leichtfertig vertan. Insofern ist es ein Buch, das sowohl für Berater*innen hilfreich ist, als auch für Paare, die sich damit auseinander-setzen wollen, wie kann es denn dazu kommen, dass Wunden heilen zwischen Menschen und in der Paarbeziehung, wie geht das eigentlich: ver-geben und verzeihen! Was kann uns Hoffnung geben?

„Im Verlauf einer Partnerschaft sammeln sich kleinere und größere Verletzungen an, die bei vielen Paaren nicht zur Sprache kommen und nicht bearbeitet werden. Häufig münden sie in eine innerliche Distanzierung vom Partner und führen zu Gefühlen wie Enttäuschung, Groll und Verbitterung, die die Partnerschaft langsam zu vergiften beginnen. Die Bearbeitung dieser Ver-letzungen ist daher ein zentraler Ansatzpunkt in der Paarberatung und -therapie und die Förde-rung von Versöhnungs- und Verzeihensprozes-sen von großer Wichtigkeit."

In sieben Kapiteln und auf einer CD mit Film-beispielen wird darauf hingearbeitet, dass Ver-söhnung eine Beziehungskompetenz ist, die man erlernen kann.

Es klingt an, dass der Begriff „Vergeben und Verzeihen" religiös und altmodisch klingt, was für manche Menschen ein Problem ist. Mitunter können Menschen sich auch nicht vorstellen, dass ihnen vergeben wird, auch das behindert Vergebungsprozesse.

Deutlich wird herausgearbeitet, dass Verge-ben keineswegs heißt: Schwamm drüber! Das Unrecht muss als solches erkannt und benannt werden. Es ist jedoch wichtig zu sehen, diese Verletzung ist ein Teil der ganzen Person des „Täters", und der Mensch ist mehr als dieser Teil, sodass dem Individuum vergeben werden kann. Manches kann auch nicht vergeben wer-den, und dann ist eine Trennung unvermeidlich, um nicht in der Opferrolle sitzen zu bleiben.

In Untersuchungen zeigte sich, dass eher vergeben werden kann, wenn der Täter Reue zeigt, die Schuld bedauert und um Verzeihung bitten kann. Aufrichtige Reue kann auch die Wut und die Vergeltungs- und Rachebedürfnisse des Opfers verändern.

Ebenso wichtig ist die Empathie, dass der Täter einen Perspektivenwechsel machen kann, sich einfühlen kann, was er dem andern angetan hat. Die Empathie ermöglicht beiden Partnern einen Perspektivenwechsel, was heilsam wir-ken kann. Das Unrecht braucht zur Verarbeitung auch die Veränderung des Selbstbildes. Es ist ein Teil der eigenen Lebensgeschichte geworden, die nicht mehr gelöscht werden kann und die es braucht, dafür Verantwortung zu übernehmen. Das Vergeben wird als Prozess gesehen, der ein Teil der Veränderung ist und deshalb Zeit braucht.

Es wird in dem Buch - auch aus ethischen Gründen - nach Wegen gesucht, wie „Verge-bungskompetenz" verbessert werden kann. In diesem Sinne kann das Buch sehr gerne zur Lek-türe weiter empfohlen werden, denn wir brau-chen im sozialen Miteinander alle die Bereit-schaft zur Vergebung und zum Verzeihen.

Margarete Leibig

Die C. G. Jung-Gesellschaften haben die meisten ihrer öffentlichen Veranstaltungen wegen der Corona-Krise im Frühjahr 2020 abgesagt.

Bitte informieren Sie sich über den jeweiligen aktuellen Stand anhand der angegebenen Homepages der Institute und Gesellschaften.

Basel
www.psychologische-gesellschaft-basel.ch

Berlin
www.jungberlin.de

Bodensee
www.jungbodensee.de

Frankfurt
im Institut für Pastoralpsychologie und Spiritualität
eMail: verst@t-online.de

Freiburg
www.cgjung-freiburg.de

Hannover
Mail: cgjunggesellschaft.hannover@web.de

Köln
www.cgjung.org

München
www.jung-institut-muenchen.de/m

ISAP Zürich
www.isapzurich.com

Sachsen
www.cgjung-sachsen.de

Stuttgart
www.cgjung-stuttgart.de

Zürich / Küsnacht
www.junginstitut.ch

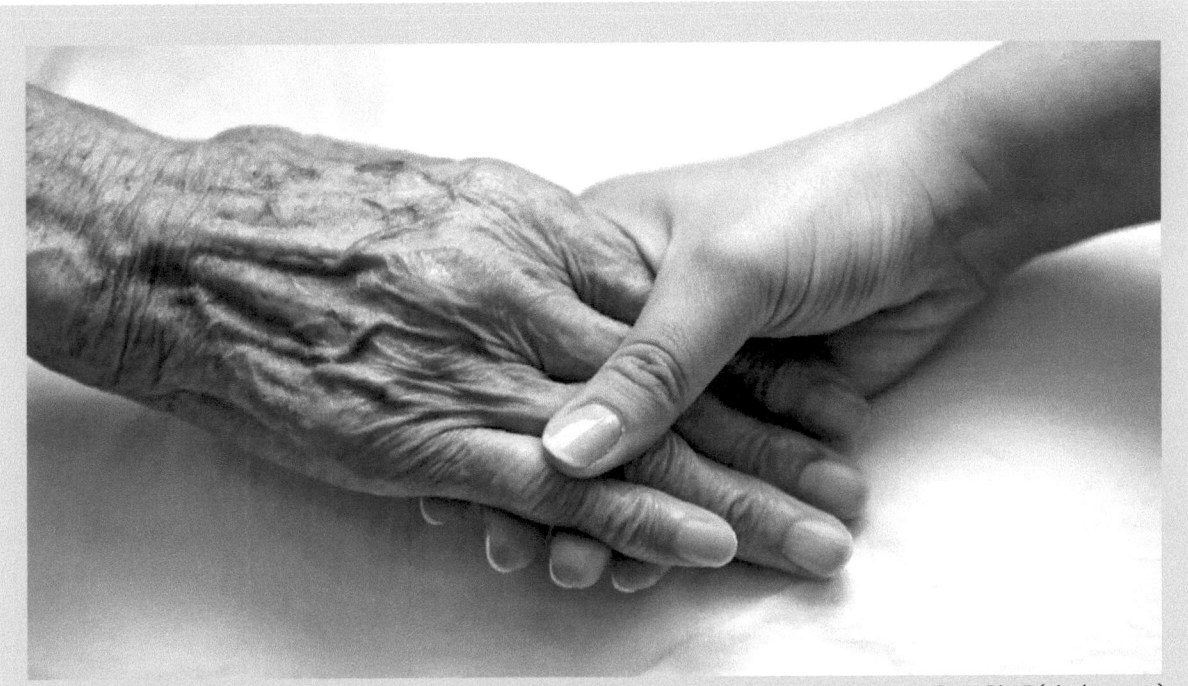

Foto: RitaE (pixabay.com)

So nimm denn meine Hände

...

So nimm denn meine Hände
Und führe mich
Bis an mein selig Ende
Und ewiglich.

Text: Julie Hausmann. 1862
Melodie F. Silcher